本书为 2023 年国家社科基金青年项目"数 （23CFX014）"阶段性成果，山东省社会科学规 字政府建设中数据协同治理的思路与对策（23CSDJ63）"阶段性成果，泰山 学者工程专项经费资助。

个人信息民法保护研究

韩富营　著

WUHAN UNIVERSITY PRESS
武汉大学出版社

图书在版编目（CIP）数据

个人信息民法保护研究/韩富营著.—武汉：武汉大学出版社，
2024.11

ISBN 978-7-307-24214-2

Ⅰ.个… Ⅱ.韩… Ⅲ.个人信息—法律保护—研究—中国
Ⅳ.D923.74

中国国家版本馆 CIP 数据核字（2023）第 235103 号

责任编辑:周媛媛 孟跃亭 责任校对:牟 丹 版式设计:文豪设计

出版发行:**武汉大学出版社** （430072 武昌 珞珈山）
（电子邮箱:cbs22@ whu.edu.cn 网址:www.wdp.com.cn）
印刷:湖北诚齐印刷股份有限公司
开本:720×1000 1/16 印张:12.25 字数:163 千字
版次:2024 年 11 月第 1 版 2024 年 11 月第 1 次印刷
ISBN 978-7-307-24214-2 定价:79.00 元

前　　言

　　大数据时代的到来不仅带来了生活和思维方式的重大变革，随之而来的还有风险和挑战。随着计算机与网络技术的快速发展，个人信息不仅包含了自然人的人格利益，其作为重要的商业财富和社会资源也被人们重新认识。个人信息不仅具有人格利益的属性，还具有一定的商业价值。个人信息在带来便利的同时，随之而来的信息安全风险也在叩问每一个法律人。大数据时代下个人信息的民法保护与规制是新时代交给我们的一项神圣使命，个人信息民法保护问题的研究具有一定的紧迫性和必要性。

　　个人信息具有民法保护的法理基础。从价值维度来看，个人信息不仅包含自然人人格利益在内的自主价值，还彰显其流通价值和公共价值，需在信息利用和信息保护之间进行价值衡平。从制度困境来讲，传统信息自决权理论和知情同意规则面临大数据时代的挑战，传统隐私权保护模式与一般人格权的保护模式并不能满足当前信息发展的需要。从本体角度来看，个人信息的范围和内容不能被其他权利取代，个人信息具有作为具体人格权的理论基础。从客体维度来看，个人信息应当包含形式要素和实质要素两方面内容，并对其进行类型化界分。当前我国虽形成了包括刑罚、行政控制与行业自我调节等多个部门法律法规条令的综合管理体系，但这并不能改变个人信息作为民法客体的本质，个人信息最终还是要通过民法保护来实现侵权的民事救济。

侵害个人信息的责任认定是民法保护的前提和基础。从归责原则来看，个人信息侵权的归责原则应当根据侵权主体的不同，适用无过错责任原则和过错推定责任原则的区分构建模式。从侵权行为本身来看，个人信息侵权行为具有主体地位不平等、侵权行为人难以确定与损害结果难以确定等特殊性，基本形态主要表现为个人信息被非法获取、提供与使用三个方面。从构成要件来看，判断个人信息侵权行为的构成是判断侵权行为人承担责任的重要前提，个人信息侵权的损害结果、因果关系的判断和过错认定具有特殊性。基于利益衡平，个人信息权应受到一定的限制，免责事由主要体现在基于信息流通下的合理使用、公共利益下的公权管理及同意与信息公开后的免责三个方面。

侵害个人信息的救济体现为侵权人的责任承担。个人信息的侵权救济应当从非损害赔偿与损害赔偿两个维度来进行构建。非损害赔偿维度，应当更倾向于预防性，构建自成体系的预防性措施体系，应当提高停止侵害、赔礼道歉的地位和使用率，并明确其适用规则。侵害损害赔偿责任应该从财产损害赔偿、精神损害赔偿与惩罚性赔偿三个方面来予以完善：财产损害赔偿方面，财产损害赔偿的责任方式在侵权救济中作为一种常规救济方式存在，可以引入法定赔偿法来弥补传统侵权损害赔偿的不足；个人信息权作为一项人格权具有适用精神损害赔偿的空间和可能，但面临适用门槛过高和数额难以确定两方面的制度困境，应从损害赔偿的考量因素和确定标准两方面入手完善精神损害的赔偿机制；鉴于个人信息在受侵害后的不可逆转性，可以考虑借鉴惩罚性赔偿制度，并明确其适用条件和完善其制度设计。

个人信息民法保护需要相应程序规则来予以保障实现。个人信息民法保护的程序保障需从集体诉讼引入、诉前禁令制度适用和举证责任分配三个方面予以建构。我国个人信息保护中并没有明确集体诉讼程序，引入集体诉讼可有效保护受害人、惩罚违法行为，具有一定的必要性。集体诉讼参与人包含原告、代表人、被告和法院,诉讼中的义务和责任需要予以明确,诉讼模式可在比较借鉴基础上进行构建。诉前禁令制度的适用有助于避免侵权行为所造成的持续损害、保障民事诉讼顺利进行,侵害个人信息权的诉前禁令制度对及时制止侵害行为、有效预防损害后果的发生效用明显。个人信息保护领域中,诉前禁令制度的适用应当由法院对禁令的必要性进行审查,同时设置解除程序,必要时法院可以依职权或者当事人提供的新证据等予以解除。诉前禁令撤销或失效以前,行为人违反禁令造成信息权人损害的,信息权人有权请求行为人赔偿。我国目前并未对侵害个人信息的案件举证责任分配作出特殊规定。基于大数据时代下信息权人面临的举证困难的情况,应当以"危险领域说"为理论指引,结合个人信息侵权的归责原则,在保证灵活性的同时,实行因果关系导致的举证责任分配规则。

网络时代催生了数据处理方式的变革,个人信息保护亦成为大数据时代亟待思考和解决的课题。虽然我国初步形成了包含刑罚、行政处罚在内的综合保护体系,但终究不能替代民法保护的作用和意义。个人信息作为一项具体人格权的权利客体是基于其人格利益和财产利益,并结合现实需求所做出的合理选择,个人信息民法保护需在衡量双方的地位基础上对信息权利人作出倾斜性保护。制度的设计需要进行利益衡量,个人信息保护中需要综合衡量个人信息自决权,并对他人的合理使用和公权的适当控制予以认可,绝对的个人信息自决权不符合个人信息保护未来的发展方向。个人信息的民法保护需在明确其法律内涵的基础上,探究其侵权责任构成与责任承担,并沿着权利保护的路径完善其程序保障,在综合考量各种利益的基础上作出合理制度安排。

目　　录

第一章 绪　论

第一节　研究背景

随着大数据时代的发展，信息技术逐渐渗透到日常生活的各个方面，并对社会产生了深远的影响。而个人信息不再局限于个人的虚拟形象或者人格，而是具备了经济属性。可见，信息已经变成了生产力的一部分，人们正慢慢地跨入崭新的信息世界。[1] 数据搜索技术的发展进一步提高了数据的价值，新的挑战和机遇由此产生。[2] 如今，个人信息的使用变得越来越普遍：一方面，信息技术的发展为每个人的日常生活带来了极大便利；另一方面，个人信息数字化极易导致信息的滥用与泄露。这些均对信息保护提出了更高要求。[3] 大数据技术的发展在很大程度上扩大了个人信息的内涵和外延，其权利含义越来越广泛。与此同时，在个人信息保护方面，传统保护方法与理论已经无法适应现阶段的需求，单纯依靠公法保护的弊

---

[1]　阿尔文·托夫勒. 第三次浪潮 [M]. 黄明坚，译. 北京：中信出版社,2006:20.

[2]　涂子沛. 大数据 [M]. 桂林：广西师范大学出版社,2013:345.

[3]　王利明. 数据共享与个人信息保护 [J]. 现代法学,2019,41(1):45-57.

病也逐渐暴露出来。大数据时代背景下，探讨个人信息的民法保护是当前学界面临的重要课题。

一、国际背景

从全球范围来看，早在 20 世纪末，个人信息保护的立法就逐渐成熟并在世界范围内开始扩散。1973 年，瑞典出台了《个人信息保护法》，它被认为是世界上保护个人信息的第一部国家层面的法律。现阶段世界各国纷纷出台了个人信息保护法。美国第 32 任总统富兰克林·罗斯福将人类享有的自由划分为四类，分别为：言论自由、信仰自由、免于匮乏的自由和免于恐惧的自由。基于此，美国承认了马斯·库里法官在 1888 年提出的个人独处的权利，以保障个人不受外界的打扰。1890 年，学者萨缪尔·沃伦等在《论隐私权》中表示："个人有权决定是否允许他人进入自己的领域，同时有权决定是否公开自己的私生活。"此定义得到普遍认可，隐私权也慢慢变成个人享有的重要人格权利。[1] 随着人们权利意识的增强，美国的隐私权观念逐步得到提升并且不断发展和完善。欧盟认为个人信息的保护应当沿着基本人权思路，强调信息权人的信息自决与自我控制。随后，在个人信息被任意处理和隐私侵犯现象肆虐的背景下，欧盟逐步确立了信息自决权（或信息自主权）来保护个人的安全感、自由和自我选择权。

当前，网络技术日新月异，数据信息被应用于生产生活的各个方面。在网络安全方面，主要的部分便是数据信息保护，欧美国家先后颁布了一系列法律法规，为包括个人数据保护在内的个人信息保护提供保障，其影响已经遍布世界各个国家。与此同时，个人信息保护也打破了国家之间的界限，在不同国家之间开始推行。在国际竞争中，一国如果不能有效保护个人信息，则其经济发展会受到制约，同时会损害国家安全。为适应时代发展，在当前国际背景下，如何构建符合我国国情的个人信息保护制度成

---

[1] 马特. 隐私权研究：以体系构建为中心 [M]. 北京：中国人民大学出版社,2014:1.

为提升我国国际竞争力的重要环节。

二、社会背景

个人信息的经济价值日益彰显，随之而来的是个人信息滥用情况越来越严重。[1]科学技术日新月异，个人信息具备了较高的经济价值。[2]辅以大数据技术，个人信息真正的人格利益可能会与其自身真实人格相对立，并给信息权人带来精神上和财产上的伤害[3]，与社会发展潮流伴随而来的是非法获取、应用与泄露的情况日益恶化。早期单个人是最主要的被侵害主体，而现阶段的群体性信息遭到非法侵害现象严重，而且被侵害的个人信息内容也越来越详尽。从 2015 年个人网上活动及身份信息泄露问题约占总泄露的 70%，到 2016 年手机卫士一年共标记了约 3.09 亿个骚扰电话，日均标记 84.7 万个骚扰电话[4]，再到 2019 年云服务中 21% 的文件包含敏感数据，相比 2017 年提高了 17%，另外，涉及敏感数据的云服务共享文件数量同比提高了 53%。相比 2017 年，可公开访问、开放的链接数量提高了 23%。在云服务中，平均单个企业月均生成 32 亿多项事件，异常事件 3217 项，存在实际威胁的事件约为 31.3 项。[5]

现阶段，利用个人信息进行电信诈骗的的现象日益凸显。当前，电信诈骗进入精确诈骗阶段，不再采用以往漫天撒网的方式。若要精确诈骗就必须收集精准的用户信息，因此诈骗分子的信息来源不仅是利用网络漏洞

---

[1]　张莉.个人信息权的法哲学论纲 [J]. 河北法学 , 2010(2):136-139.

[2]　Paul M Schwartz.Property,Privacy and Personal Data[J].Harvard L.Rev,2004,117: 2056-2128.

[3]　马克·波斯特 . 信息方式 : 后结构主义与社会语境 [M]. 范静晔 , 译 . 北京 : 商务印书馆 ,2014:26.

[4]　Anonymous. CCID Consulting Reports on China's Internet Finance Information Service Industry[J]. Wireless News, Volume, 2008.

[5]　资料来源 :2015—2019 年《中国互联网络发展状况统计报告》，见中央网络安全和信息化委员会办公室官网 www.car.gov.cn.

获取，还会通过购买或者窃取的方式来获取。当前社会频繁出现各种非法买卖个人信息案件、人格侵权案件，屡禁不止的垃圾信息、遍布各个角落的人肉搜索、非法曝光隐私案件等，给人们正常的生活与工作秩序造成了很大影响，严重的甚至危及他人生命。[1] 犯罪分子有时会通过建立伪基站来向不特定的人群发送信息，通过免费无线网络来获取个人的金融和身份信息，从而达到窃取银行卡信息的目的，进而将受害人的存款转走。在信息处理阶段，信息控制者的安全保障义务形同虚设，数据主体在信息错误的情况下得不到及时修正，信息安全技术水平较低，责任和义务观念不强导致了大范围的个人信息泄露。信息的滥用、非法交易屡禁不止，不法分子往往会将非法获得的个人信息用于违法活动 [2]，严重损害了社会的公共利益和公民的人身财产权益。掌握和控制数据的信息控制者责任意识淡薄，加之信息控制者在技术和资源方面占据优势地位，诸多因素导致个人信息保护面临重重困境。

信息安全不仅与自然人的生活及工作息息相关，还与社会安全稳定、国家安全和市场安全存在重大联系，保护自然人的个人信息刻不容缓。平板电脑、智能手机等电子产品的出现，提高了信息传播的便利性，各种信息在各类平台上被不断传播和扩散，让不法分子获取并利用他人个人信息变得轻而易举。国家互联网信息办公室、工业和信息化部、公安部、国家市场监督管理总局四部门曾联合发布公告，在全国范围内实施专项治理行动，有力打击网络犯罪活动。我国个人信息保护的立法也经历了从无到有的漫长发展历程，当前主要有《中华人民共和国电子商务法》、《中华人民共和国刑法》（以下简称《刑法》）、《中华人民共和国消费者权益保护法》、《中华人民共和国民法典》（以下简称《民法典》）和《中华人

---

[1] 张红，黄绍坤 . 中国人格权法：过去、现在及未来——中南财经政法大学博士生导师张红教授访谈 [J]. 社会科学家 ,2019(1):3-6.

[2] 汪东升 . 个人信息的刑法保护 [M]. 北京：法律出版社 ,2019:10.

民共和国网络安全法》等相关法律。针对个人信息保护问题，《中华人民共和国个人信息保护法》自 2021 年 11 月 1 日起施行。在大数据时代保护好我国公民的个人信息，不仅是《中华人民共和国宪法》中保护人格尊严的体现，也是民法对公民基本权利保护的回应。[1] 尽管对个人信息保护立法的力度在不断加大，并且从多方面来规制个人信息的侵权行为，但个人信息的侵权问题仍然日益增多，加之，当前我国对于个人信息民法保护制度的不完备，期待学界对个人信息保护进行更加系统和深入的理论研究。

三、实践背景

受大数据时代的发展、保护框架的失衡及监管缺位等因素的影响，个人信息的保护在实践中遇到诸多挑战。个人信息合法使用是加工和处理个人信息时必须坚守的基本原则，信息使用者必须在对信息进行处理后及时删除信息，并且将造成的不利影响降到最低。信息来源不准确、安全保障不到位及信息权人安全保护意识欠缺等情形，都会导致个人信息侵害后果的加剧。[2] 在互联网环境下，系统安全漏洞及网页漏洞的存在也是导致信息泄露的重要因素。在实践中，许多企业手中往往掌握着大量的用户信息，一旦遭到信息技术的入侵或者由于自身的问题导致信息泄露，都会造成难以估量的后果。2019 年，"3·15"晚会上揭露了部分不良现象，如部分企业为广泛收集用户真实信息，将大量摄像头放在便利店、大型购物中心、办公楼或大型购物中心的连锁店中，并在未经允许的情况下收集客户的个人信息。骚扰电话中很大一部分是由智能机器人拨打的，借助黑科技，大量科技企业在用户不知情的情况下获取其信息，包括个人收入、电话及其他信息，以便更精准地拨打电话进行推销。为了顺利应用 App，公民在使用时必须填写大量的资料，此时电脑可以远程获取用户信息。例如，个人

[1]　王利明.数据共享与个人信息保护 [J].现代法学,2019,41(1):45-57.
[2]　汪东升.个人信息的刑法保护 [M].北京：法律出版社,2019:12.

查询公积金、社保及车辆违章记录、订火车票时，App 均能获取用户的个人信息。在现实生活中，新的信息收集方式对传统保护规则造成了巨大冲击。

事实上，目前我国个人信息利用中的知情同意规则形同虚设。知情同意规则是国际上个人信息保护实践及立法时所认可的普遍标准，对个人信息的合法使用必须征得信息主体的知情和同意，但企业往往在利用个人信息的时候会忽视这一点，而且会通过多种方式予以规避。企业对个人信息利用的最终目的是通过向外输出各种类型的信息产品，从而获取经济利益。受商业利益的驱使，越来越多的商业机构随意应用概括的授权条款和隐私保护声明，这些条款不需要客户点击选择即可获得信息内容参与者的同意和授权，而信息内容参与者只能被动地接受服务提供商设置的不公平标准。一般情况下用户浏览网站时，必定会产生有关 cookies 数据，如网站的浏览记录等信息，通过数字处理技术，权利主体的知情同意规则难以得到保障和落实。

我国个人信息保护体系的不健全及侵权案件层出不穷，不仅会导致我国公民个人信息受到侵害，还会导致其他国家质疑我们国家个人信息保护的力度和举措。与其他立法较早的国家相比，我国对个人信息保护的立法及制度的构建相对比较薄弱，形势不容乐观，这在一定程度上影响了人民群众的安全感，甚至会侵犯群众的个人财产和生命安全。当前，公民的个人信息保护意识并没有随着侵犯个人信息案件的逐渐增多而增强，当个人权益受损时，只有少数人知道如何维护个人权益。我国个人信息实践中的问题还需要在制度设计和立法规制中予以反映，对个人信息利用的环节及企业在该过程中的责任应当予以明确。大数据时代，个人信息民法保护的规范化和体系化是当前面临的重要难题。

第二节 研究意义

一、个人信息的独特内涵

阐释个人信息的含义及权益性质，能够从民法上更好地为个人信息保护进行定位，有助于个人信息民法保护机制构建。本书通过对学术界的理论争议和域外的个人信息保护经验进行比较分析，通过隐私权的确权轨迹分析个人信息所具有的独特含义，并且明确其未来保护模式。本书基于个人信息所具有的独特内涵展开规范研究，明确其保护的权利客体，了解其界限及实际内容，科学界定个人信息。个人信息权具有独特的权能架构，通过积极权能和消极权能的构建，并与一般人格权、隐私权和其他具体人格权界分，从而界定个人信息权与其他具体人格权的界限。

二、个人信息的价值衡平

个人信息保护中的价值衡平能为个人信息中的财产利益与信息人格利益的衡平提供理论支持和规则指引。从价值分析维度考量，分析个人信息所具有的自主控制价值、流通价值和公共价值，利用利益衡量方式，有效地协调保护和利用之间的关系，合理地配置责任认定与承担机制，建立健全的个人信息保护体系。

三、促进信息技术飞速发展，满足个人信息的时代价值

网络发展对当前社会秩序带来较大影响，法律需要对新技术带来的挑战予以回应。从民法层面保护个人信息，可以有效推动我国个人信息保护机制的完善，既是对公法保护的有力补充，也能跳出传统保护机制的限制。从司法层面促进司法工作的开展，做到更有效地处理个人信息侵权案件，具有很强的引导性与教育意义，指引人民群众增强个人信息保护的观念与意识。

第三节　研究现状

一、理论现状

我国对个人信息保护问题的研究起步较晚，理论研究的成果大部分见于公法保护领域。近年来，我国学者开始重视个人信息私法保护的研究，研究成果也逐渐丰富。在论文数据库内检索"个人数据""个人信息""个人资料"等，检索出的论文资料较为丰富，该领域的理论研究呈上升趋势。2003 年以前，极少有个人信息方面的研究，相关资料也不丰富。自从 2009 年《刑法》中增加了"侵犯公民个人信息罪"，学者开始越来越关注个人信息保护问题。[1]

随着立法过程中对个人信息的探讨，个人信息的民法保护讨论逐渐成为大家关注的热点。为了更好地解决个人信息在民法保护中的理论障碍，我们国家的理论研究者从个人信息的属性、价值和保护路径等多个维度进行了理论研究和探讨，并提出了自己的见解。例如，齐爱民、刘德良、王利明、张新宝等学者纷纷参与个人信息的理论研究；有一部分学者将个人信息保护作为博士论文的研究课题，比较典型的是洪林海博士、任龙龙博士、杨咏婕博士等。

2007 年，洪林海博士的《个人信息的民法保护研究》对个人信息保护的相关机制展开研究，明确了个人信息的范围与分类，明确了信息主体的权利内涵。在个人信息权利保护方面，洪林海博士希望《民法典》能将其视为与隐私权等截然不同的人格权加以保护，因为《民法典》只设置了原则性的要求，详细标准应由《中华人民共和国个人信息保护法》来设置。

2013 年，任龙龙博士撰写了《大数据时代的个人信息民法保护》一文。

---

[1]　汪东升 . 个人信息的刑法保护 [M]. 北京：法律出版社 ,2019:6.

任龙龙博士认为在当前的大数据时代，应该突破以往在个人信息保护方面的原则，应当逐步改变以往过于严格保护个人信息的理念，在保护个人信息的同时，注重个人信息的合理使用，构建个人信息合理使用制度。就个人信息权而言，应该将其视为框架性权利，并应用分层级的保护方式。

2013 年，杨咏婕博士撰写了《个人信息的私法保护研究》一文，文中提到个人信息应当作为一项具体人格权来予以全面保护，其法律称谓、具体范围及类别划分等问题应当被重新审视。在个人信息权保护方面，包含私法救济及确权两方面内容。在制度构建方面，我国必须统一参考安全港模式，通过立法指引，促进行业自律。

二、理论争议

当前个人信息的民法保护引起了我国学界越来越多的关注，并且提出了诸多意见和观点。个人信息的民法保护得到了大多数理论学者的支持，并且从不同角度来探讨制度的构建和理论难点。但有一些学者认为个人信息的保护仅依靠私法是难以解决的，需要建立在以公法为重心的保护模式上。其中，我国学者梅夏英（2013）非常认同此观点。[1] 对权利主体而言，如果个人信息被侵犯，其实际利益也无法保障，还会进一步阻碍社会的发展。如果先成立一项民事权利，再开展个人信息保护工作，那么将存在极大的理论困难，还无法保障两者的利益。梅夏英还主张不应再应用私权救济这一种处理方式，必须创设一套公共管理体系，配以有效的监管措施来防范个人信息侵权行为的发生。我国学者高富平（2018）表示，个人信息与多个方面存在密切联系，包括个人的利益、他人的利益及全社会的利益。[2] 个人信息存在明显的社会性与公共性，在个人主义基础上发展出来

---

[1]　梅夏英,杨晓娜.个人信息保护的理论及立法问题 [J].社会治理法治前沿年刊 ,2013(1):209-222.

[2]　高富平.个人信息保护：从个人控制到社会控制 [J].法学研究 ,2018(3):84-101.

的传统个人信息控制理论没有考虑到这一点。传统个人信息控制理论既不能满足当前大数据时代下信息飞速发展和传输的现实环境，也不切合个人信息所具有的财产价值属性。个人信息保护将慢慢变成社会控制，不再局限于个人控制。在个人信息保护法律建设方面，我国必须基于个人信息本身的法律性质，并结合社会控制论，创建一套满足大数据趋势的、能有效保护社会利益及自然人利益的综合法律保护体系。

诚然，从我们国家的民法学界的角度分析，个人信息民法保护具有必要性和紧迫性，民法对个人信息进行保护已经成为众多学者的共识。然而，个人信息民法保护方面仍存在很多理论争议，大致涉及以下问题。

1. 个人信息的界定

现阶段，各国及地区的立法机关与理论界都开始关注数据及信息。[1] 国际上个人信息方面的提法大致有三种，分别是个人资料、个人信息与信息隐私。"个人资料"的说法在欧盟国家应用广泛，我国香港特别行政区及台湾地区与其大体一致；"个人信息"的说法在韩国、日本与俄罗斯等国应用广泛；普通法系国家则大多选择"信息隐私"的说法，包括澳大利亚、美国与加拿大等。

从我国国内来讲，有的学者（郭瑜，2012）将个人信息界定为个人数据；有的学者（齐爱民，2004）则称为个人资料，认为信息与数据并无本质区别，只是在内容和形式上有所差异；还有学者（王秀哲，2017）将其称为隐私。虽然个人信息和个人数据所采用的表述不同，但目前大多数学者认为二者并没有本质区别，我国的立法中采取个人信息的提法。我国学者梅夏英表示，针对数据与信息两种说法，它们在互联网领域虽然有各自的含义，但是存在密切的联系，在个人信息保护中个人数据与个人信息并没有本质上的差别，习惯用语和翻译的原因不影响我们对个人信息基本内

---

[1] 法国、德国、英国、芬兰、冰岛、挪威等欧盟国家均以"数据"代之。参见齐爱民.拯救信息社会中的人格 [M].北京：北京大学出版社,2009:77.

涵的把握和理解。

针对个人信息的定义问题，我国大部分学者认为，个人信息是一种符号体系，能体现个体特征、与特定个人存在联系、存在明显的可识别性，针对特定人的身份，能够单独识别或者结合其他信息即可识别。我国当前的通说是采取识别型的定义模式，采用这种定义的学者（王利明，2012；张新宝，2015；周汉华，2006；刘德良，2008；齐爱民，2005；谢远扬，2016）认为个人信息最主要的功能和特质就在于其识别功能。

2. 个人信息的构成

在个人信息的内容方面，大致包括两种看法。

一种是以齐爱民教授(2009)为代表的"二要素说"。[1]齐爱民教授主张，法律所保护的个人信息应当具有一定的要素，而其所包含的形式要素与实质要素构成了保护客体的两个维度，其中个人信息的实质要素是指构成个人信息在内容上不可或缺的法律要素，又称个人信息的一般要素。构成个人信息的实质要素是"识别"。个人信息构成的形式要素需要法律予以确认。形式要素是指其所具备的特定形式要件，又称构成个人信息的特别要素。

另一种观点是以梅夏英教授（2017）为代表的"三要素"说。[2]现有的国内外法律中，最主要的判断个人信息保护对象的要素是可识别性、关联性及系统化处理。当前，大数据技术得到普遍应用，如采用以往的标准，则将导致信息保护对象增加严重，导致不同主体需要支付更高的守法费用，严重制约信息资源的流通，应当综合考虑多方面的内容，如信息的使用方向、自然人的特殊身份及信息所彰显出来的功能来予以界定个人信息范围。

---

[1] 齐爱民 . 论个人信息的法律属性与构成要素 [J]. 情报理论与实践 ,2009,32(10): 26-29.

[2] 梅夏英 . 论被遗忘权的法理定位与保护范围之限定 [J]. 法律适用 ,2017(16):48- 54.

3. 个人信息的性质

对个人信息的权利属性，我国学者争论不一。主要观点有以下四种。

其一，具体人格权客体说。王利明（2012）认为将隐私权放在人格权的框架范围内进行保护是有效的。个人信息权是人格权的一种，应纳入其保护范围，必须在人格权法的基础上，制定专门的个人信息权保护法律，与肖像权、隐私权及姓名权一样，此权利也是具体人格权。从定义来看，个人信息已经突破了隐私权的固有范围，隐私和个人信息并不完全一致，具有明显差异。我国《民法典》宜将个人信息利益予以独立规定，不能将其纳入隐私权的保护范畴。我国学者齐爱民（2009）表示，获取、处理和利用个人信息的行为与信息主体的人格尊严关联密切，应将其纳入人格权框架中予以保护。持该观点的还有杨立新（2018），张里安、韩旭至（2016）等。

其二，财产权客体说。我国学者刘德良（2008）表示，个人信息的本质是财产性权利，个人有权控制、应用、处理个人信息，并从中获益，因此，对其保护必须选择财产性权利保护。当公司或个人使用个人信息时，被视为其资产。个人信息具有使用权，在整个使用过程中，个人不会失去自己信息的内容。这更好地反映了个人信息的决策权，并根据销售和转让等方法来完成其自身的使用价值。林旭霞（2009）与李俊峰（2015）也持此种观点。

其三，一般人格权说。我国学者马俊驹（2004）认为，应按照一般人格权保护的机制对个人信息加以保护。基于我们国家当前的立法背景，个人信息的保护并没有得到法律的认可，而且没有专门的法律来予以规制。个人信息所体现的价值并不是单纯反映自然人的人格利益，还表现出其流通价值和财产利益，这种利益类型往往难以确定，并不能通过某一项具体人格权来予以解释。因此，应当借鉴一般人格权理论来实现对个人信息的保护。

其四，隐私权客体说。"隐私权"理论（王泽鉴，2009）认为个人信息应当被隐私权包含，个人信息的保护应当被纳入隐私权保护体系，权利人能够自主应用、管控、支配等。在隐私权方面，《中华人民共和国侵权责任法》中列明了侵权的相关内容，按照立法的条件与理论基础，应该根据隐私权保护机制对公民信息进行保护。

虽然在学界还有其他的几种观点，如"新型权利说"（李伟民，2018）和"宪法权利说"（郭明龙，2012）等，但是以上四种观点为比较主流的观点。

4. 个人信息权的内容

个人信息在新时期显示了与数据时代相适应的独特内涵。欧盟1995年通过的《数据保护指令》规定了信息主体享有多项权利，详细介绍了其本质特征，还为其准确定位。在个人信息应享有的权利内容方面，我国民法学界的看法并不一致，主要观点有以下几种。

我国学者王利明（2012）研究了如何保护特殊群体的问题及自我处分个人信息的问题。他表示，个人信息权涉及很多权利，主要涉及更新权、处分权、掌握信息用途权、要求更正权等。信息权人可以禁止他人非法获取、应用及处理其个人信息，除非法律规定。禁止一切机构滥用个人信息，对利用主体的合理利用也应严格管理，禁止对外公开，对儿童个人信息应当进行特殊的保护。[1]

我国学者叶名怡（2018）表示，个人信息权中包括了一定程度的财产利益，其权能涉及两个方面，分别是积极权能和消极权能。知情同意权是个人享有个人信息权的前提，能发展出一系列积极权能，如可携带权、访问权及收益权等。另外，还存在一部分消极权能，此类权能隶属于个人信息权，而这些权能本身无法充当独立民事权利。《民法典》应进一步健全

---

[1] 王利明. 论个人信息权在人格权法中的地位 [J]. 苏州大学学报（哲学社会科学版）,2012,33(6):68-75+199-200.

个人信息权的相关权能机制。[1]

张里安、韩旭至（2016）则从三个方面阐述了个人信息权的内容：第一，更正权和修改权等；第二，决定权、知情权及处分权等为其最基本的积极权能；第三，不管是隐私权，还是其他相关人格权利，都不能完全囊括个人信息权中的保密权。不管是哪种具体人格权，如姓名权、肖像权、隐私权或者名誉权等，都不能单独保护此类非敏感的个人信息客体。[2]

我国学者杨立新（2018）阐述了个人信息权的含义及其权能，主张个人信息权应是具体人格权。个人信息权外的其他人具有不作为的义务，一切违反了个人信息权义务的个人及组织，必须承担相应侵权责任。[3]

5. 个人信息的利用

现阶段，国际立法与相关实践中普遍遵循知情同意规则，在个人信息保护方面，我国最初也认可知情同意规则的合理性。[4]然而，知情同意规则受到了大数据时代所带来的挑战，知情同意规则的合理性受到了人们的质疑。此外，如何解决合理和合法地获取及使用个人信息的问题逐渐引起了人们的关注。世界各国再次研究知情同意规则，分析其应用效果，我国将知情同意规则引入个人信息保护，这引起了我国学术界的广泛关注。针对知情同意规则的合理性，我国学界存在争议。

（1）批判者看来：个人信息的合法利用，不应以知情同意规则为前提

我国学者任龙龙（2016）表示，个人信息处理不应以同意为正当性条

---

[1] 叶名怡. 论个人信息权的基本范畴 [J]. 清华法学,2018,12(5):143-158.

[2] 张里安,韩旭至. 大数据时代下个人信息权的私法属性 [J]. 法学论坛,2016,31(3):119-129.

[3] 杨立新. 个人信息:法益抑或民事权利——对《民法总则》第111条规定的"个人信息"之解读 [J]. 法学论坛,2018,33(1):34-45.

[4] 2012年《全国人民代表大会常务委员会关于加强网络信息保护的决定》提出了尊重被收集者的意愿,2013年《中华人民共和国消费者权益保护法》与2016年《中华人民共和国网络安全法》也无一例外地遵循了知情同意规则。

件。在这个大数据时代，我们的研究重点应该是避免滥用个人信息，并不是怎样保护。应用事后判断机制与责任规则，据此判断个人信息处理行为是否具有正当性。[1]

江波、张亚男（2018）认为，我国的私有信息立法进程中应该阐明以意愿标准为基础的私有信息理念维护法律和法规的有效性，这些法律法规为实现双向法律目的，引入合理使用标准并承认信息利用方权利的观点是基于一定程度的减免赔偿规则。参照欧盟和其他国家及地区的法律，吸收情景理论的有效核心，并从维护信息安全的角度强调保护个人信息。[2]

（2）部分学者看来：利用个人信息的前提就是知情同意

我国学者杨立新和扈艳在2016年编写的《〈中华人民共和国人格权法〉建议稿及立法理由书》一文中第三十九条提出，个人信息的处理应征得被收集者的同意。[3]2006年，我国学者周汉华在《中华人民共和国个人信息保护法（专家建议稿）及立法研究报告》一书中提出，应将信息主体明确同意作为个人信息处理的合法性基础。[4]2005年，我国学者齐爱民公开发表的《中华人民共和国个人信息保护法示范法草案学者建议稿》一文中第二十六条第一款指出，非国家机关获取个人信息时，需要信息主体以书面的形式表示同意。[5]2017年，我国学者刘士国主编的《中华人民共和国人格权法律条文建议附理由》一书中第五十二条提出，个人信息的使用

---

[1] 任龙龙.论同意不是个人信息处理的正当性基础 [J].政治与法律,2016(1):126-134.

[2] 江波,张亚男.大数据语境下的个人信息合理使用原则 [J].交大法学,2018(3):108-121.

[3] 杨立新,扈艳.《中华人民共和国人格权法》建议稿及立法理由书 [J].财经法学,2016(4):39-54.

[4] 周汉华.中华人民共和国个人信息保护法（专家建议稿）及立法研究报告 [M].北京：法律出版社,2009.

[5] 齐爱民.中华人民共和国个人信息保护法示范法草案学者建议稿 [J].河北法学,2005(6): 2-5.

应当获得本人许可。[1]

我国学者杜换涛（2018）表示，必须严格落实告知同意原则，如此才能合法地获取个人信息。[2] 由于个人信息存在明显的人格属性，同时信息存在不对称性，因此可以适用这一原则。获取个人信息时，会出现两个基本矛盾：第一，由于个人信息中所包含的人格利益为其最本质的内容，因此，权利主体往往会强调自身人格尊严并防止由此而导致的人格利益的损失；第二，信息的利用者偏向个人信息中所包含的财产价值，力求广泛地获取他人信息，多多益善，否则不能实现经济利益最大化。应怎样处理两者的利益矛盾，最直接、最好的一种方式是征求信息主体的同意。这体现出个人对私法的主导性，明确了信息主体对存在信息优势的处理者设置的界限，使个人自由领域被有效保护，避免他人非法进入。

我国学者石佳友（2012）表示，默许同意的本质为"消极同意"，是非常被动的，现实中经常存在默认网站的隐私政策等，不反对就是同意。[3] 虽然网站按照要求征求用户同意，但这一流程只是一种形式而已，不存在实际作用，网站的隐私政策及说明大多篇幅很长，且由专业律师编写，用户一般不会认真阅读。对部分网站来说，用户必须同意，否则不能进入交易程序，网站通过机会主义获取了用户的同意，进而获取了用户的信息。所以，必须设置积极同意方式，比如"明示同意"，也就是说，用户只有在认真阅读，并清楚地理解相关内容后，才能选择"接受"，表示同意。

我国学者王籍慧（2018）表示，同意原则在理论基础层面和具体适用层面，均存在争议。不过，这不能否认同意原则的必要性、正当性及重要

---

[1]　刘士国.中华人民共和国人格权法律条文建议附理由[M].北京：中国法制出版社,2017.

[2]　杜换涛.论个人信息的合法收集：《民法总则》第111条的规则展开[J].河北法学,2018,36(10):34-44.

[3]　石佳友.网络环境下的个人信息保护立法[J].苏州大学学报(哲学社会科学版),2012,33(6):85-96.

性，无法否认同意作为正当理由，支持个人信息处理活动的开展。在个人信息处理中，必须协调同意与其他正当理由的关系，应延续隐私政策来弱化知情同意规则所处的困境。[1]

6. 个人信息的保护

大数据时代，个人信息的保护模式也引起了学者的关注和探讨。对个人信息的保护模式，我国民法学者从不同维度出发提出了自己的理念和构思。

王利明（2018）指出，传统的人格权存在非常明显的消极抵抗性，但个人信息权具有非常鲜明的积极权能性，此类积极权能应该在人格权法中有所体现，同时应详细阐述侵犯积极权能应承担的责任。[2]他表示，我国现阶段应用的"吸收模式"，不能被视为细致的权利保护模式，必须分别处理侵权请求权与人格权请求权，通过多种模式保护个人信息权。

我国学者刘德良（2007）表示，人格权保护模式是以传统理论基础与技术背景为前提的，而以上前提又是单纯的、消极的，因此，不能满足信息社会的生活需求。[3]他认为，个人信息是信息社会中存在较高潜在商业价值的资源，所以必须保护其财产权，在对主体人格利益进行保护时，也必须保护其财产利益。

在个人信息保护享有的请求权及三分法模式的基础上，我国学者李永军（2017）分析了个人信息保护的具体模式。他表示，应该明确辨别信息及隐私，个人信息的请求权主要包含更正请求权、删除请求权及侵权责任请求权。[4]叶名怡则主张适用侵权法来予以救济。个人信息应当分别从《中

---

[1] 王籍慧.个人信息处理中同意原则的正当性：基于同意原则双重困境的视角 [J].江西社会科学,2018,38(6):177-185.

[2] 王利明.人格权：从消极保护到积极确权 [J].甘肃社会科学,2018(1):40-46.

[3] 刘德良.个人信息的财产权保护 [J].法学研究,2007(3):80-91.

[4] 李永军.论《民法总则》中个人隐私与信息的"二元制"保护及请求权基础 [J].浙江工商大学学报,2017(3):10-21.

华人民共和国民法总则》的过错条款及《中华人民共和国侵权责任法》中有关网络信息侵权的条款和相关司法解释两条路径来进行保护。针对个人信息侵权的救济问题，应充分应用预防性责任模式，必须设置连带责任条款。同时，进一步扩大安保义务及违法活动需要承担的补充责任，以满足管理人在虚拟场所产生的数据存储的需求。

我国学者杨立新（2018）表示，个人信息的保护路径包含侵权法与人格权法两方面内容。[1]个人信息权被侵犯时，信息主体可以向法院发起基于人格权请求权的起诉，申请权利损害救济。

三、小　　结

我国近十年对个人信息的理论研究有所加深，尤其是最近三年呈上升趋势，但还是存在一些不足之处。首先，对个人信息的民法保护，大多数学者是从专业领域来进行探讨，而从法教义学、法哲学、法经济学和实证角度来探讨的较少；其次，大多数理论学者在探讨理论问题时，很少考虑我们社会的复杂情形，社会学的考量因素不足；最后，对域外模式的比较借鉴，大多数学者是基于理论上的探讨和简单的模式介绍，对后期的实证效果和实施的社会影响并没有进行深入讨论。

现阶段，学术界纷纷认识到个人信息保护的重要性和必要性。虽然落脚点及所侧重角度有所不同，但是大多数学者主张通过私法保护方式来实现个人信息的全面保护，并且主张通过立法的模式来进行规制。无论以何种模式来保护个人信息，这些学者旨在实现有据可依，并且做到社会利益各方面的衡平，从而切实保护个人信息的安全。个人信息保护是一个系统和复杂的工程，不仅需要立法做好有据可依，完善相关配套法律，还需要社会各部门发挥监督和监管作用，更需要参与者积极配合增强自我防范意

---

[1]　杨立新.个人信息:法益抑或民事权利——对《民法总则》第111条规定的"个人信息"之解读 [J].法学论坛,2018,33(1):34-45.

识和安全意识。民法对个人信息保护的帷幕才刚刚拉开，在未来个人信息的民法保护之路上还有很多未知的困难等着我们去克服。

第四节　研究思路和方法

一、研究思路

第一章为绪论，介绍了研究背景、研究意义、研究现状、研究思路和方法。

第二章阐述了个人信息民法保护的法理基础。首先分析个人信息民法保护的价值，其次分析个人信息民法保护的正当性，最后研究个人信息民法保护的范围。

第三章探讨了个人信息民法保护的模式。通过个人信息民法保护模式的比较考察，提出了"个人信息权"的权利内涵。

第四章分析了侵害个人信息的民事责任认定。首先介绍了侵害个人信息的归责原则，其次分析了侵害个人信息的构成要件，最后阐述了侵害个人信息的免责事由。

第五章探究了侵害个人信息的民法责任承担。本章提出了侵害个人信息的财产损害赔偿责任、惩罚性赔偿责任及精神损害赔偿责任的构建思路，并对侵害个人信息的非损害赔偿责任进行了理论探讨。

第六章论证了侵害个人信息的程序救济机制。本章重点探讨了侵害个人信息的集体诉讼程序、侵害个人信息的诉前禁令制度与侵害个人信息的举证责任分配，分析了三种制度确立的必要性和制度困境，在此基础上提出了完善思路和构建思路。

结语部分对全书进行小结。

二、研究方法

1. 比较研究方法。针对个人信息问题，重点分析了国际上的保护模式与立法模式，并开展横向分析，通过对欧盟和美国两种典型的保护模式、立法模式的理论和实践进行考察，在此基础上提出了我国个人信息保护的进路和立法模式的构建思路。

2. 历史研究方法。个人信息的保护路径可以参考隐私权的发展历程，对隐私权确立的历史溯源可以为个人信息的权属定位提供强有力的理论支撑。对个人信息的保护模式、程序保障制度与《民法典》的纵向考察，为个人信息制度的构建提供理论基础。

3. 实证研究方法。通过收集与本书有关的案例，展开对个案的分析，研究在不同的路径下的保护效果，既从实践的角度，反映个人信息保护的必要性，又深入挖掘个人信息保护在理论层面与实践层面的差异。

4. 价值分析方法。个人信息既有人格价值，又有财产价值，通过价值分析的方法来实现财产价值与人格价值的衡平。

5. 利益衡量方法。利益衡量涉及两个方面：一是在法律运行中；二是在立法中。在研究个人信息民法保护问题其间，笔者反思了个人自主控制理论，结合利益衡量法，在保障个人信息权不受侵犯的前提下，在一定程度上约束个人信息权，以实现国家利益、他人利益和个人利益的平衡。

第五节　创新点和不足

当前我国对个人信息保护的理论研究和立法保护主要集中在公法领域；虽然个人信息民法保护看似是最近才显露的新问题，事实上不少学者对该问题已经有了一定研究；域外保护模式是否适合我国具体情形还要进行论证，个人信息民法保护如何与当前《民法典》中的人格权相衔接，个人信息侵权的归责原则、责任认定和责任承担等问题还没有给予明确解答。针对以上问题，本书参考了最新文献，立足民法保护的视角对个人信息民法保护进行了全面分析，最终落脚于个人信息民法保护的法律实现，对个人信息民法保护中的理论难题和实践困境做了较为系统和深入的阐释，具有一定理论创新意义。

创新点一：个人信息的权利属性在理论界尚未达成共识，立法上也未明确规定。通过对域外保护模式的比较考察，结合我国理论争议和实证考察，提出了具体人格权主张。从个人信息自身的权益保护维度出发，通过与其他权利界分来进一步肯定、明确了其权能架构，并界定了其内涵和外延。

创新点二：如何处理个人信息保护与利用问题是个人信息民法保护的难点。个人信息既存在人格利益，又具有财产利益，本书采用价值分析法，为个人信息的保护与利用的理论研究提供了思路。大数据时代在很大程度上颠覆了以往的个人信息处理与应用模式，传统的知情同意难以实现。本书通过对个人信息的价值进行剖析，采用利益平衡的思路，结合《民法典》中的合理使用制度对个人信息保护中的价值衡平进行了制度设计。

创新点三：我国现行法并未明确个人信息侵权的归责原则与举证责任分配规则，侵害个人信息的认定也面临一定困境。本书通过对域外归责原则的借鉴，提出了归责原则的区分构建模式。在此基础上探讨了侵权责任的认定与承担，从财产损害赔偿、惩罚性赔偿和精神损害赔偿维度提出了损害赔偿完善思路，并对个人信息民法保护的程序保障进行了论证，实现了实体法和程序制度的结合。

但本书仍有不足的地方：一方面，在个人信息侵权的实证研究方面还存在欠缺，在接下来的时间里笔者将会借助个人信息保护研究的热潮，继续个人信息侵权的实证研究。另一方面，由于撰写本书，参加会议的机会相较之前减少，以至于笔者并未参与个人信息保护的研讨，关于《个人信息保护法》中的理论争议都是从文献中获得，真正的观点争锋与现场交流较少。在接下来的日子里，笔者将持续关注有关会议，获取最新的知识以丰富研究内容。

第二章 个人信息民法保护的法理基础

在当今信息化时代背景下，在注重个人信息保护的同时，也应兼顾其经济效益，保障其流通价值和管理价值。个人信息作为个人的重要民事利益[1]，具有民法保护的法理基础。本章以个人信息的价值基础为依据，分析个人信息民法保护的正当性，探究个人信息民法保护的范围。

第一节 个人信息民法保护的价值

法的价值是指法律在满足人的需要时应具有的功能与属性。法的价值内容主要体现在对自由的保障、对社会秩序的维护及对效率的促进，以及极大限度地实现正义与公平。[2] 就个人信息的保护而言，其价值亦呈现出多元化特征。互联网和大数据时代下，个人信息作为重要的资源和沟通交流的客体，其价值得到了社会认可与个人肯定，信息化发展改变了人们的

---

[1] 张新宝. 从隐私到个人信息：利益再衡量的理论与制度安排 [J]. 中国法学，2015(3):38−59.

[2] 张文显. 法理学 [M]. 北京：高等教育出版社,2011:293.

生活和思维方式。[1] 大数据时代下，个人信息的价值主要体现在以下三个方面。

一、个人信息的自主价值

个人信息的自主价值彰显的是信息权人自主使用个人信息并不受他人干涉的利益。[2] 系统论和自然法学派的观点一致认为，制度的框架、内容及未来实施主要由其基本理念和根本价值来决定。从维护个人利益角度来讲：一方面，要尽量多地收集其他人的个人信息，从而在面对外界环境时能快速作出正确判断；另一方面，是要尽可能做到伤害最小化，减少利用中不必要的信息扩散。

个人信息能够体现精神性的人格利益。人格利益通常包含法律保护公民的自身安全、行为和精神自由，真实人格利益是其受到别人尊重的前提。在大数据时代，一切信息都将被数据化，自然人的人格逐渐体现在数字和符号特征中，也就是所谓的"个人信息"。个人的发展离不开人际沟通、社会参与及信息利用，但在利用信息时应当确保其安全性，不然会违背人格自由发展的理念。每个人的存在都有其各自的目的性，因此有必要解决信息主体因被他人窥探而产生的焦虑，并继续保持信息权人格特征与行为主体的一致性。个人信息包括个人的背景信息和其他具有识别特征的信息，个人信息与自然人是通过具象化的描述和信息指向来联结的，也就是说某条信息和某个人相关。但是，若只因某个人与个人信息有联系而武断地认为这个人可以完全支配这条信息的观点是错误的[3]，因为两者之间的联系

---

[1] 梅夏英.数据的法律属性及其民法定位[J].中国社会科学,2016(9):164-183+209.

[2] 谢远扬.信息论视角下个人信息的价值：兼对隐私权保护模式的检讨[J].清华法学,2015,9(3):94-110.

[3] 高富平.个人信息保护：从个人控制到社会控制[J].法学研究,2018,40(3):84-101.

并不是通过信息本身而进行的，只是单单通过信息代表的意义和内涵而产生的。

个人信息同时包含财产性人格利益。[1]这就类似于肖像权，二者在内容形式上相差不大。个人肖像具有美学价值，既有观赏性也有流传性，在市场上将其进行销售或转卖，也会转变为财产利益。个人信息和肖像二者比较相像，但不同之处在于二者的财产价值不一样，个人信息所包含的财产价值更大，理应受到特殊保护。个人信息是自然人赖以生存和发展的重要基础，即信息内容的使用价值。通过个人信息可以获悉个人的身份，其容易被不法分子利用，不法分子将个人信息进行售卖以从中牟取私利，将其转变为商业价值，从权利人的信息中获得财产利益。所以，理应保护信息人的财产利益，尽最大可能地减少个人财产损失。个人信息还有明显的识别性，可以轻易通过此信息追踪到本人，如果该信息被泄露或转卖，会损害权利人的合法权益，以致不法分子从中牟利。在个人信息权所包含的多种利益中，人格利益应当是个人信息保护的首要利益，接下来是财产利益，自然人往往最关心的是人格尊严和个人隐私是否得到了良好的保护。[2]

个人信息自主价值的内容呈现出复杂性的特征：一方面，自然人可以自主决定个人信息的利用方式，并享有免除被他人打扰的权利。个人在使用自己的信息时不太需要法律的保护[3]，没有一部法律明确规定个人不能随意使用自己的信息，所以法律在这方面是认同、许可的；另一方面，法律也会保护个人使用信息，避免其他人对此信息进行滥用。未经信息权人的许可而滥用个人信息的行为可能会对信息权人造成不可估量的后果，会影响其人格的健康发展，严重者会导致其人格发展轨道发生偏移。知情同

[1]　谢远扬.信息论视角下个人信息的价值：兼对隐私权保护模式的检讨 [J].清华法学,2015,9(3):94-110.

[2]　叶名怡.论个人信息权的基本范畴 [J].清华法学,2018,12(5):143-158.

[3]　考夫曼.法律哲学 [M].刘幸义，译.北京：法律出版社,2004:32.

意规则是体现当事人知情的基本规则，往往理解为当事人的当然同意。当然同意的方式多种多样，如口头同意、书面同意或默认为同意等。由此可以得知，在使用个人信息时会遇到一个无法避免的问题，即为了更全面地使用该信息，他人势必尽可能多地获取一些信息，但信息权人不想信息暴露过多而带来隐患，所以最好的解决方法是在利用个人信息的时候经过权利人的同意。处理个人信息的纠纷原则上应尊重信息主体的个人态度，要有本人的同意才可以进行处理，使其对事件发展有所预判，否则其他人只能通过某些网络社交账号获取个人信息或按照法律的规定强制处理信息。个人信息对个人越重要，其对个人的影响就越大。个人信息要得到其应有的自主价值，那么拥有此信息的其他人就不可恶意转卖或泄露，试图获取此信息的人也应该受到法律的约束。每个人都希望获得信息优势从而通过自己的行为来影响其他人，并从中获得某些好处，但获取方法应合理合法。

二、个人信息的流通价值

个人信息的流通价值，也就是个人信息在社会上流传的过程中产生的价值。它主要体现在人际沟通方面，自己公开部分信息在交流时为自己带来利益。[1]个人信息含有人格和财产两种属性，此两种属性在个人与他人交往、沟通的时候被展现出来，个人信息的财产价值往往会通过信息的流通来予以体现。自然人对个人信息拥有完全控制权与自主决定权，既不能片面地理解为个人信息只能由本人支配[2]，也不能将其理解为个人信息不允许其他人使用，如果个人信息不在社会上流通，那么其所蕴含的财产价值也就被扼杀了。

个人信息具有流通的必要性。每个人所拥有的信息是大相径庭的，这些信息对其他人或多或少会有价值，他人能从这些信息中获得利益其就会

---

[1] 刘迪.现代西方新闻法制概述 [M].北京：中国法制出版社,1998:119.

[2] 高富平.个人信息保护：从个人控制到社会控制 [J].法学研究,2018,40(3):84–101.

出资购买这些信息。信息主体有权处置各自的信息，并可将自己有价值的信息售卖或者交换。[1] 个人信息所具有的价值在商业领域中被视为一种商业资源，信息权人可以通过对个人信息的收集、利用和处理来实现财产价值的最大化。[2]21 世纪是信息化社会，个人信息所具有的价值越发受人们重视，信息主体将个人信息商业化，通过金钱交易的方式许可他人使用信息。因此，个人可以通过这种商业手段得知自己的信息在市场上的价值，之所以要进行个人信息保护就是为了确保他人在使用这些信息时是合理、合法的，而非私自盗用[3]。因此，权利人的支配与控制不能阻碍信息合法使用和安全流通。信息流通还能加快信息的使用，可用信息越多就越有利于社会发展和科技进步。信息采集者大范围地收集各种个人信息并不是为了仅仅深入了解某一个人，而是将这些信息分类汇总，归纳整理为资料库，每个资料库代表有相似特点的一类人，这样他人在获取某类人的信息时方便查找，信息收集者通过这种手段可以为其带来财产收益。[4] 个人信息散布于社会各个层面，信息收集公司在收集这些信息时势必要付出一些代价，通过支付金钱或采取信息互换等方式而非不劳而获，公司在获得这些信息后会慎重考虑选择一种收益最大化的信息销售模式。某些信息受多种因素的影响比较难获取，这些信息就显得弥足珍贵，同时这类信息能为公司带来巨大收益。

在利用个人信息时应当保障信息的安全。信息利用者在使用个人信息时，应当保障个人信息的真实性和可靠性，使信息发挥较大的使用价值，避免由于信息错误而对当事人和他人造成不良影响。目前社会上有多样化

---

[1] 梁慧星. 民商法论丛：第 21 卷 [M]. 香港：金桥文化出版 (香港) 有限公司，2001:347.

[2] 刘德良. 个人信息的财产权保护 [J]. 法学研究,2007(3):80-91.

[3] 齐爱民,盘佳. 数据权、数据主权的确立与大数据保护的基本原则 [J]. 苏州大学学报 (哲学社会科学版),2015,36(1):64-70+191.

[4] 张民安. 信息性隐私权研究 [M]. 广州：中山大学出版社,2014:13.

的信息使用方式，常见的主要有以下两种：一是个人通过交易本人信息获取财富。因为个人信息极具指向性，是个人特性的凝缩，所以其是有价值的[1]，若其所包含的信息量越多则相应的价值也就越大，某些人就会愿意花钱购买这些信息，明星代言广告、参加商业活动就主要通过这种方式来进行。二是个人使用自己的信息获得非物质财富。随着生活越来越富足，人们越来越重视精神追求。信息主体享有基本的人格权[2]，人格权虽然不常被挂在嘴边，但日常生活中处处都能体现人格权，因为社会中平凡人居多，信息背后所带来的价值比较小，但依然可以通过利用自己的信息来获得利益。比如说，入职面试其实就是个人信息的展示，即应试者向考官展示自己的专业知识和个人能力，从而获得相应职位。由此可以看出，个人信息不仅包含人格利益，还可以在使用过程中借助外界的评价给权利主体带来一定的积极影响。过于强调新信息带来的财产性往往会导致人们忽视信息人格权的重要性，这有些厚此薄彼，和信息保护主旨相违背。但有些社会服务是无法避免的，所以会依法对部分个人信息进行强制许可使用。因此，在承认个人信息流通必要性的基础上，还应保障流通过程中对个人信息的保护，确保信息的真实性与可靠性。

三、个人信息的公共价值

个人信息所包含的公共价值取决于其公共性和可共享性。个人在社会中的角色及数据的共享性决定了其具有社会性的元素，不仅关涉自然人个人的利益，而且关涉他人和整个社会利益。[3] 自人类诞生以来，信息从来

---

[1] 齐爱民，李仪. 论利益平衡视野下的个人信息权制度：在人格利益与信息自由之间 [J]. 法学评论, 2011,29(3):37-44.

[2] 张红，黄绍坤. 中国人格权法：过去、现在及未来——中南财经政法大学博士生导师张红教授访谈 [J]. 社会科学家, 2019(1):3-6.

[3] 高富平. 个人信息保护：从个人控制到社会控制 [J]. 法学研究, 2018,40(3):84-101.

就不是个人的，而是可被大家获知的公共材料。每一个人都可以获取个人信息，具有指向性、代表性的个人信息不仅意味着获取人可以识别出信息权人，而且获取人可以从侧面对信息权人与其他人进行区分，从而实现识别性目的。在信息被广泛利用的时代，带有个人身份属性的信息不仅成为推动科技进步的重要资源，也成为社会治理和企业管理的重要影响因素。当信息用来识别权利主体时，该个人信息就因刻有某种特殊的标记而成为区别于他人的重要依据。个人信息的公共性和社会性越大，受到的保护就会越多，所以个人信息理应公开而不是只被自己使用和占据，处于公共领域的信息并不能否认其所具有的个人排他控制权。个人信息保护固然重要，同时也不能忽略集体利益和国家利益。人格尊严要维护，信息也要自由流通和自由利用，二者并不矛盾，信息自由流通与利用需要国家予以管理和控制。个人信息不仅是个人进入社会的重要媒介，也是社会认知和了解个人的必要手段，一味强调个人隐藏身份或信息，会妨碍信息交流和合作，失去公共管理的个人信息使用会增大人们从事不负责任的社会危险行为的可能性。[1]

个人信息的公共价值体现在其可以作为重要的公共资源。个人信息想要实现社会保障的功效，那就不会允许信息权人对自己的信息拥有绝对控制权和使用权，即法律可以规定特殊情形来保障对个人信息的利用。所以说，当人们身处社会之中参加各项社会活动时，人们的"识别权"应依法得到保障，而不是拒绝识别或拒绝"曝光"。[2]个人信息不仅包括个人的姓名、性别、年龄、外貌等基本信息，还包括人们从事社会活动的结果信息，过度鼓励公众隐藏自己的信息会影响其享受公共服务或人际沟通，更

---

[1]　杨芳.个人信息自决权理论及其检讨：兼论个人信息保护法之保护客体 [J].比较法研究,2015(6):22-33.

[2]　尼克拉斯·卢曼.法社会学 [M].宾凯，赵春燕，译.上海：上海人民出版社，2013:65.

有甚者会导致一些人从事非法活动。我国进入大数据时代之前，一些个人信息是通过人传人的方式在小范围内流传，少部分信息被传记等文书方式记载下来，此外大部分信息最后处于湮没在人群中的状态。目前，人们在互联网上进行购物、交易、出行等日常活动，互联网可以追踪到每一个人的行为轨迹，通过分析这些信息可以得知当事人的月收入、消费能力和经济能力等信息。这些信息是当事人主动披露的，在互联网上留下痕迹后，社会上其他人便可通过某些渠道获取或利用这些信息。现在存在争议的一点是，信息权人以外的其他人是否需要得到权利人的明确许可和同意才能对信息进行处理。

个人信息的公共价值是其自主价值和流通价值的重要体现。新时代，我国社会的发展在注重满足人们物质需求的同时，也要注重公民人格和尊严的发展，并给予个体充分的自由。个人的独立性体现在其信息具有自主价值方面，个人人格越独立，其在与人交往中占据的地位就越优越，且这种优越性会一直延续下去。[1] 社会是人与人的集合体，个体在与他人交流的过程中，难免受到他人观点的影响，所以自己的独立性会受损，那么法律应当对此作出明文规定，确保他人在利用此信息时得到了当事人的同意。[2] 信息的使用价值忽略主体的自主性、信息内容的多少等问题，重点关注利用他人个人信息是否违背了当事人的意愿。信息能够被利用是其有价值，而保证信息在使用时征得本人同意，避免个人信息被恶意泄露，使得信息具有珍贵性，因此这些信息就有了使用价值。信息使用价值确保信息被充分利用，这样信息使用后产生的结果和当事人预期的结果相差就不会太大。

---

[1] 张红,黄绍坤.中国人格权法:过去、现在及未来——中南财经政法大学博士生导师张红教授访谈 [J]. 社会科学家,2019(1):3-6.

[2] 齐爱民,盘佳.数据权、数据主权的确立与大数据保护的基本原则 [J].苏州大学学报(哲学社会科学版),2015,36(1):64-70+191.

个人信息的公共价值亦体现在促进社会发展的过程中。马克思曾说，法权虽然是大家认可的意识关系，但其始终围绕并不断适应着人们的生活需求。在互联网时代，人们在关注个人信息财产价值的同时，更多关注个人信息中的人格利益是否遭到侵害，这也是个人信息保护中的最根本问题，也就是说，是否应当以严格控制利用信息的手段结合公众的保护意愿来保护个人信息。[1] 当前社会是充满信息的社会，社会要进一步发展必然离不开信息的流通，应当平衡好个人信息的保护和利用之间的关系，避免信息隐藏过多而不利于他人获取进而影响社会的发展。[2] 知识产权体系中亦有关于公共价值的体现，知识产权制度明确规定，主体享有某些专有权时，必须将部分个人信息披露于公共社交平台以便社会上其他人可以轻易获取。随着信息公开和个人观点流通越来越多，进而产生文化碰撞，促进科技不断发展与进步，甚至有学者认为是个人信息一直在支撑社会的运转。科技、文化的进步也离不开个人信息的支持，在所有的公共信息中，如果仅因为某些信息和个人特征有关联，便肯认个人对其拥有绝对控制权，可独自占有信息、拒绝共享，那么这不仅违背法律法规也会妨碍社会的健康发展。[3] 所以世界上有多个国家选择开放数据，让数据在各国流通以此带动大数据行业发展，因为公共信息和数据越多，就越利于科技发展和创新。

---

[1] LANDAU S. Control Use of Data to Protect Privacy[J]. Science, 2015, 347(6221): 504–506.

[2] 谢远扬. 信息论视角下个人信息的价值：兼对隐私权保护模式的检讨 [J]. 清华法学,2015,9(3):94–110.

[3] 高富平. 个人信息保护：从个人控制到社会控制 [J]. 法学研究,2018,40(3):84–101.

第二节　个人信息民法保护的正当性

虽然我国诉诸建立框架式的保护体系[1]，但未来个人信息的保护应当重视民法保护的效用，个人信息民法保护具有正当性和必要性。

一、刑法下的刑事处罚不能解决民事侵权问题

近几年，我国在公民个人信息领域的保护问题上，重视程度逐步加深。与此同时，也陆续出台了有关规定，比如《中华人民共和国居民身份证法》和《中华人民共和国护照法》，我国《刑法》也将个人信息保护纳入保护范围，刑罚对于惩治个人信息犯罪效果显著。[2]《中华人民共和国刑法修正案》（以下简称《刑法修正案》）在这方面也作出新规定，对那些非法买卖或者违规盗用公民个人信息的犯罪分子增强了很大的震慑力。[3]《刑法修正案（七）》和《刑法修正案（九）》都对个人信息保护有很大的重视程度，将其作为重要的立法内容及在这两个修正案中最新的变化都说明了我国对于利用个人信息犯罪行为的打击惩治力度在不断地加强。[4]《刑法修正案（七）》在第二百五十三条后新增了一条，增加了非法提供和非法获取个人信息两项罪名。该法案第一次把盗用公民个人信息的犯罪行为纳入刑法规范范围，明确对个人信息要全面保护，且为公民个人信息提供了最强大的法律保障，进而在保护公民个人信息方面取得重大的进步，增

---

[1] 杨翱宇.我国个人信息保护的立法实践与路径走向 [J].重庆邮电大学学报（社会科学版）,2017,29(6):42-51.

[2] 赵秉志.刑法修正案（七）专题研究 [M].北京：北京师范大学出版社,2011:142.

[3] 高富平,王文祥.出售或提供公民个人信息入罪的边界：以侵犯公民个人信息罪所保护的法益为视角 [J].政治与法律,2017(2):46-55.

[4] 赵秉志.公民个人信息刑法保护问题研究 [J].华东政法大学学报,2014(1):117-127.

强对民众身份信息的重视和保障也有益于提升公民人权保障的全面性。[1]《刑法修正案（九）》对《刑法》第二百五十三条进行修改，规定了侵犯个人信息罪。近几年，确立以全面保护个人信息为核心的立法精神，刑法对个人信息的保护，更是坚定了对公民信息实行全面保护的原则。《刑法》中明确指出，每个公民的全部个人信息都有权利获得《刑法》的保护，根据不同的犯罪行为，确定不同的犯罪程度，做到灵活处理不同程度的犯罪行为。以修改《刑法》的方式来对个人信息进行保护，是我们国家对个人信息保护重视程度不断增强的体现。

直到现在，对公民个人信息的保护，我国仍然没有制定完整、全面的可行性标准。所以，从某种程度上来说，对如何区分侵害他人信息的行为是行政违法行为还是刑事违法行为成为标准制定的关键。要想维护个人信息的安全，仅凭借《刑法修正案》的力量是不足的，很多问题的处理方式仍然存在局限性。因为仅依靠法律而想解决所有的问题，是几乎不可能的，在垄断性和强制性公共服务领域中，法律能保护的范围也在缩小。[2]个人在面对个人信息被他人盗用时，是无力解决的。网络上对公民个人隐私的侵害行为具有普遍性和严重性，国家立法机关在前期并未对此现象采取相关措施，导致现在网络上的侵犯行为并不能被有效制止，使个人隐私侵害行为陷入短时间内没办法解决的困境。

二、行政法下的行政处罚不能替代民事救济

保护公民信息的安全是国家必须承担的责任，为此作出贡献的就应该是行政法，因为它在信息保护上能发挥很大作用。行政法通过调整行政权的行使来实现国家的公共利益和自然人个人利益之间的平衡，行政法的行

[1]　喻海松.侵犯公民个人信息罪司法解释理解与适用 [M].北京：中国法制出版社,2018:11.
[2]　刘宪权,方晋晔.个人信息权刑法保护的立法及完善 [J].华东政法大学学报,2009(3):120−130.

使能兼顾实现公共利益与个人利益，在此过程中，行政职权担负了保护公民个人信息私权的重要任务。[1] 从我国当前行政法对个人信息保护的立法实践来看，行政处罚是对侵权人进行惩戒的重要手段。个人信息的行政法保护主要是利用公权来约束相关个人信息收集、使用的行为，并能够在任何时刻明确信息持有者的法律责任，同步建立行政救助制度用以处罚盗用公民信息的行为。从这个意义上来说，行政法对个人信息的保护具有一定的积极意义，能起到很好的补充和衔接作用。公民个人信息保护方面，我国行政法主要能做到以下两个方面：第一，以立法的形式对行政机关、事业单位、法律法规授权的合法组织在依法得到、保存、使用公民个人信息的各个环节进行规范；第二，对某些信息收集者和持有者违反相关法律法规的行为加以控制，必要时进行行政制裁。

公民个人信息的行政保障中，我国采取了在不同领域制定对应的法律条例来进行规范的方法。首个关于个人信息保护的国家标准——《信息安全技术公共及商用服务信息系统个人信息保护指南》，标志着个人信息行政保护领域迈入了有标准可依的新阶段，不仅对各个部门通过信息系统采集和处理信息进行了规范，也为信息系统中处理信息的不同阶段提供了可行性标准；作为第一部关于个人信息公开的行政法规，《中华人民共和国政府信息公开条例》在 2019 年进行再次修订，此条例是行政法领域对公民信息保护的重要保障，既对行政权力有了不同程度的限制，也对公民个人信息进行了良好的保障；在个人信息保护方面有更加明确具体的规定的法律条例是施行于 2013 年的《征信业管理条例》；行政法律职责在《中华人民共和国网络安全法》和《中华人民共和国电子商务法》中都占有重要篇幅，这两部法律都涉及多个法律部门，体现了行政法律职责占有重要位置。不仅如此，另外的一些行政法律法规中也有涉及个人信息、个人隐

---

[1] 张新宝 . 我国个人信息保护法立法主要矛盾研讨 [J]. 吉林大学社会科学学报 ,2018,58(5):45−56+204−205.

私保护的内容，目前我国在征信和个人信息保护领域也有专属现行标准：《全国人民代表大会常务委员会关于加强网络信息保护的决定》《电信和互联网用户个人信息保护规定》等。此外，在如何加强个人信息保护方面，我国现有法律多从保密义务和行政责任方面开始，主要是集中在公权力行使的几个领域与公权力特许的彩票经营、互联网、银行、铁路交通等领域。《居住证暂行条例》《不动产登记暂行条例》《彩票管理条例》等是最好的例子。

实际上，在生活中我们耳闻目睹的侵害、盗用公民个人信息的行为，多介于民事侵权和刑事犯罪之间，属于一般违法行为范畴。行政责任追究机制的缺乏不仅会影响信息社会的高质量和高速发展，也会在公民权益保护方面出现漏洞。因此，行政法在保障公民信息安全方面，填补了民法和刑法的空白，当行为人的侵害盗用行为超出了民法保障范围，但未达到刑罚处罚的最低要求，就需要用行政法来进行规范，作出相应惩罚来制止该行为。故此，行政法能够完美地填补民法和刑法在公民信息保障方面的缺口，为这两部大法起到补充和衔接作用。但是行政法对个人信息的保护机制并不是健全的，主要体现在两方面：一方面，仅通过行政法来对个人信息进行保护是不全面的。当前，我国有关个人信息保护的行政法规中对个人信息的规制往往是借助公权力的介入。从法律救助层面来说，公民信息权益受到侵害，能采取的法律救援主要有行政复议、行政诉讼与行政赔偿。在日常行为中，行政机关对个人信息的收集和使用方面的重视程度较大，所以关于个人信息的保护条例中，大篇幅的规定只针对工作人员在工作中的保密义务，对个人信息被盗用和个人权益被侵害时的救济规范却严重不足，尤其是公民信息救济方式缺乏可行性标准和可操作性手段，导致公民在行政和司法程序实践中想要寻求行政救助时有很大困难。另一方面，对个人信息保护，行政立法还呈现出不健全和混乱的局面。虽然目前已经有一些行政法规对某些行业领域的个人信息收集与使用进行规范，但这些规范都不完善，仍然比较分散，并未形成一套体系，不同的地方甚至会出现法条重复，更有甚者，还会相互冲突，导致在个人信息保护方面，仍旧没有一致的理念原则和权责划分，增加了立法成本，也导致了立法资源浪费。此外，立法规则目前存在的问题太过于原则化，可执行性并不强，所以才会导致立法空白和法律漏洞，难以适应数据时代这个大背景之下的对于公民信息安全保护的全新需求。

三、《个人信息保护法》不能替代民事救济

信息技术发展越发迅速，个人信息在这个过程中就变得更容易获取。换个角度来说，信息获取的便捷性会导致信息不当使用比例增加，而这些不当操作甚至是公开信息，会给公民个人造成严重的财产和精神损失。但现有的分散法律条例中的规定已经无法完全适应个人权益的保护和个人尊严维护的新要求，《个人信息保护法》应运而生。当然，信息保护不等于把信息藏起来，而是要寻找一个动态安全平衡。[1] 这也是推进国际贸易的客观条件，也能更全方位地保护个人信息及其他隐私，督促有关互联网企业加强自己的信息自律。

《个人信息保护法》对个人信息保护的规定应侧重以下两个方面：第一，政府利用公权对信息保护需重点规范；第二，对服务大众的企业及客户信息保密单位设定特殊保护义务。其应该主要包含以下几个方面的内容：第一，明确适用范围。明确我国境内的个人信息处理适用本法，同时借鉴其他相关国家和地区的做法，使本法在域外也能有一定的适用范围，这样才能够做到对我国境内个人权益的全方位保护。第二，完善个人信息处理原则。明确信息处理应该遵循的原则，建立以征求意见为核心的个人信息处理原则，对敏感个人信息的处理也要有特殊说明，对国家部门处理个人信息的相关规则更要有对应说明。第三，完善个人信息在流通中的规则，确立安全评估、专业机构认证和审批的规则。第四，准确区分信息处理过

---

[1] 齐爱民. 论个人信息保护法的统一立法模式 [J]. 重庆工商大学学报 (社会科学版),2009,26(4):90−93.

036

程中的权益享有者和责任承担人，与《民法典》衔接，明确在此过程中的人的权利，还应规定信息处理者的义务，包括合理保管和安全保障等。第五，明确信息保护责任部门。个人信息保障涉及多领域、多部门，要发挥国家部门的统筹协调作用。

有别于单纯的民事法，《个人信息保护法》通过公权与私权相结合的手段达到保护个人信息的目的。《个人信息保护法》实施的过程中应当考虑以下几个方面：第一，法律制定应立足于本国基本国情，从实际出发，并与他国经验结合借鉴其优秀之处。[1]立足于中国国情，对网络安全相关法律法规及可行标准的实战经验进行全方位、多层次总结，将可操作性强的实践经验上升为法律规范。要保持谦虚的态度，对有关国际组织、国家、地区等的有效做法进行虚心学习，然后结合中国国情，建立一套完善的可操作性强的完全适应我国信息保护和数字经济发展所需要的法律制度。第二，注重当前的信息保护问题，同时要立足于未来。既要解决现阶段我国个人信息保护领域所存在的明显问题，也要体现出对人民群众权益保障的重大关切。在此基础上建立的规范，很大程度上就可以确定它具有良好的可操作性。与此同时，对一些目前还存有争议的理论性问题，在立法时要为其留下必要空间，以便日后解决在运用新技术的过程中产生的新问题，可以在研究论证的基础上增加必要的新规定。第三，妥善处理好与相关法律之间的关系。鉴于《个人信息保护法》要与《民法典》等有关法律衔接起来，这就意味着在立法过程中，要把握好信息保护的立法定位，要在此基础上，尽可能地充实、细化个人信息保护制度准则。同时要与《网络安全法》《民法典》等法律相衔接。第四，《个人信息保护法》的基本宗旨必须侧重于对自然人人格权益的保护。个人信息是信息社会的重要经济资源，现阶段我国仍然属于发展中国家，信息资源对于我国的现状来说，

---

[1] 齐爱民．论个人信息保护法的统一立法模式[J].重庆工商大学学报（社会科学版），2009，26（4）：90－93.

依然具有很大的战略意义。[1] 因此，《个人信息保护法》旨在对政府部门及商业机构在合理运用个人信息的行为允许的基础上对将个人信息运用到商业中的行为进行规范，以促进个人信息的合理利用行为，更要加强个人信息在国际贸易领域中进行流通的规范标准。

《民法典》为《个人信息保护法》的适用提供了重要的参考。[2] 虽然《个人信息保护法》是规范个人信息的特殊法，兼具公法和私法的属性，但这并不能够改变个人信息是公民民事基本权利的事实。侵害公民的个人信息安全，盗用公民的个人信息，仍然可以依靠民法保护来实现民事法律救助。虽然对隐私和个人信息的保护上升到了法律规范的程度，但是仍没有独立规范的作用，该法并没有充分规定个人信息的特殊保护规则，对责任的承担也没有予以明确，个人信息的责任构成及责任承担的规则问题仍然值得我们去探讨和研究。因此，还需要在探究个人信息法律内涵的基础上，明确其民法保护的请求权基础，并从个人信息侵权的责任构成、责任承担及责任实现的程序保障三个维度来进行探究，从而实现个人信息的民法保护。

四、个人信息民法保护的必要性

经济基础决定上层建筑，上层建筑反作用于经济基础。《民法典》未将个人信息定义为个人信息权，《民法典》在人格权的板块中规定个人信息受法律保护，与隐私权具有同等地位，却仍未定义为个人信息权，个人信息权的属性定义在学术界引起了很大的争议。但是，不管是《民法典》的总则编，还是人格权编，仍然是以自然人对其自身的个人信息享有的权益为中心来进行规范和制度设计的。[3]

---

[1] 张新宝.我国个人信息保护法立法主要矛盾研讨 [J].吉林大学社会科学学报,2018,58(5):45-56+204-205.

[2] 齐爱民.制定个人信息保护法的经济功能与人权意义分析 [J].贵州师范大学学报(社会科学版),2007(6):80-85.

[3] 程啸.论我国民法典中个人信息权益的性质 [J].政治与法律,2020(8):2-14.

《民法典》从根本上确立了自然人的自身信息权益受法律保护。[1]《民法典》第一百一十一条规定："自然人的个人信息受法律保护。任何组织和个人需要获取他人个人信息的，应当依法取得并确保信息安全，不得非法收集、使用、加工、传输他人个人信息，不得非法买卖、提供或者公开他人个人信息。"《民法典》在民事权利一章中规定了公民个人信息的内容，并将其与特定的人格权（如生命权、健康权和姓名权）结合在一起。[2]《民法典》赋予自然人从民法基本法的高度保护个人信息的权利，该规则为进一步完善法规提供了基础，该法明确地对个人信息与隐私权采取了不同的保护路径，同时是对两者差异性的认可，也在某种程度上认可了个人信息独立保护的必要性。《民法典》中还规定了侵害个人信息的责任问题，将信息保护义务内容单独立法，如《个人信息保护法》，便于二者合作，实现个人信息保护，促进信息流动和合理使用。[3]

《民法典》中人格权独立成编，个人信息保护制度是社会需要的产物。[4]《民法典》对个人信息的保护具有重要意义。该制度最重要的创新和发展集中在五个方面：第一，将个人数据权利和自然人利益的性质定义为人格权；第二，它区分了信息的类型，并对个人信息的分类保护提供了指引；第三，统一使用处理，为收集、处理、使用、提供和披露个人信息提供全面标准，涵盖与个人数据有关的行为；第四，明确个人权利和利益的具体内容，以充分实现对人的尊严和个人自由的保护；第五，通过规定个人信息侵权的免责事由，促进保护和自由之间的协调。《民法典》是民商领域的基本法，其规定对个人信息保护具有重大意义[5]，指明了《个人信息保护法》《中华人民共和国数据安全法》的基本走向，为其提供了基

---

[1]　张新宝.《民法总则》个人信息保护条文研究 [J]. 中外法学,2019,31(1):54-75.

[2]　张新宝.《民法总则》个人信息保护条文研究 [J]. 中外法学,2019,31(1):54-75.

[3]　程啸.论侵害个人信息的民事责任 [J]. 暨南学报（哲学社会科学版）,2020,42(2):39-47.

[4]　程啸.论我国民法典中个人信息权益的性质 [J]. 政治与法律,2020(8):2-14.

[5]　程啸.论我国民法典中个人信息权益的性质 [J]. 政治与法律,2020(8):2-14.

本的依循。

从我国当前的理论研究来看，个人信息保护的理论研究取得了很大的进展，而且对立法起到了很好的推动作用。从当前保护体系来看，我国初步形成了个人信息保护体系网络，既有犯罪和刑罚方面的规定，又配套有行政处罚方面的制度设计，再加上民事立法中的保护规则，形成了个人信息的专项保护网络，这对防止个人信息的侵害和盗用行为有一定程度的正向作用。[1] 但我国目前对公民信息的法律保护仍然不集中，尤其是具体的规定还不够完善，主要表现在：一方面，个人信息保护的网络体系呈现宣示性的条款较多、处罚性条款多、保障性的措施不到位、分布较为零散、法律责任简单、侧重于公权保护及多数规定为原则性规定。以个人信息保密并承担法律责任的原则性规定为主，具体内容不是十分明确，法律责任较为简单。另一方面，个人信息保护法律规范的主体仍然以权力机关和公共服务单位为主，我国目前的个人信息保护立法还是以刑事和行政手段为主要内容，即使在民事领域中规定对个人信息的保护，但还是要依赖刑事和行政手段。

第三节　个人信息民法保护的范围

个人信息作为数字经济时代的"石油"，日益发挥着促进经济发展的重要作用。[2] 加强个人信息保护是维护社会秩序稳定所必需的，但并非所有与自然人相关的信息均属于受法律保护的范畴。构建体系化个人信息保护机制将是一个系统性、持续性的工程，其中个人信息的范围亦是必须回

[1]　陈甦.民法总则评注 [M].北京：法律出版社,2017:790.

[2]　孙玲,叶雄彪.《民法典》时代的个人信息保护：性质、范围与侵权责任 [J].贸大法律评论,2020(1):31−39.

应的问题，面对以人脸识别为代表的新型信息利用形式难以通过传统标准来界定个人信息。当前大数据背景下，个人信息的内涵与外延在不断更迭，传统界定标准需对此予以审视和重构，"适格个人信息"概念的提出与体系架构具有一定理论价值和现实意义。当前我国《民法典》《个人信息保护法》对个人信息范围界定标准存在冲突，并存在识别标准不一致、直接识别适用有限及间接识别性个人信息泛化等问题。"适格个人信息"界定标准建构于识别说理论和关联说理论基础上，对个人信息保护范围予以合理界定。在判断具体个人信息是否属于"适格个人信息"时，需审查"识别"与"记录"两要素，增加识别能力、识别目的及识别成本等判断因素。"适格个人信息"范围应予以适当扩充，其应然范畴包括基本信息、设备信息、账户信息及其他信息。根据不同标准将"适格个人信息"区分为敏感与非敏感个人信息、私密与非私密个人信息、公开与非公开个人信息三种类型，并构建区别化保护规则。

一、个人信息保护范围的现状考察

从比较法视角来看，个人信息范围界定经历了逐步演进的过程。欧盟按照识别程度来定义个人信息[1]，2015 年，欧盟出台的《一般数据保护条例》扩大了个人信息的涵盖范围，将位置信息、基因信息等纳入其中。上述有关个人信息概念的界定虽然均较为笼统，但是突出了识别性标准。2010 年我国台湾地区有关个人资料保护的规定，着重突出以何种方式来识别自然人，并区分直接识别和间接识别两种方式。相较于欧盟的《一般数据保护条例》，我国台湾地区有关个人资料保护的规定扩大了个人信息的保护范围。以上个人信息保护均围绕识别性进行规定，且有逐步扩大个

---

[1] 能被识别是指他人可以通过其证件号、学历、出身、工作等相关的单个或者多个因素而将此人识别为某个特定的自然人。例如，《德国联邦数据保护法》提出，个人数据信息是指有关已被识别和可识别的人（数据信息的主体）的客观条件的信息内容。

人信息保护范围的意思。

我国司法实践过程中个人信息保护范围界定主要有三种处理思路：第一，直接采用"个人信息"的方式处理案件，但未明确保护何种个人信息。第二，将个人信息默认为隐私信息。比较私密信息是信息主体不想被其他人知道的信息，只有在征得本人同意的情况下，才能公开这些信息，否则任何人对此类信息进行披露、收集或者转卖都是非法行为，对其进行使用或者处理的行为也一样。这种处理思路的弊端是与隐私权相悖，对于公开的信息而言，其并不属于隐私权的范畴，故不当扩大了隐私权所包含的个人信息范围。[1] 第三，适当扩大个人信息保护范围。由于对个人信息保护范围界定的冲突及模糊，司法人员处理案件时往往通过列举方式界定个人信息。[2]

我国《民法典》确立了识别性的界定标准，《个人信息保护法》则替换为识别性标准与关联性标准并进一步扩大了个人信息范围，但将"经匿名化处理后的信息"排除。[3] 个人信息范围界定的困境主要体现在：一方面，法律规定之间存在冲突。《民法典》《个人信息保护法》等有关个人信息保护范围方面的规定无法自洽。《个人信息保护法》颁布后，其与《民法典》之间的关系一直存在争议。有学者认为，二者系特别法与一般法的关系；还有学者将《个人信息保护法》视为一部公私法相结合的综合性法律。由于《个人信息保护法》与《民法典》在个人信息界定等方面存在差异，因此两者间关系定位不清将直接导致具体适用时法条选择的困难。另一方

---

[1] 陈奇伟,刘倩阳.大数据时代的个人信息权及其法律保护[J].江西社会科学,2017,37(9):187-194.

[2] 例如，在消费者权益保护的案件中，个人信息不仅包含本人的信息，还包括其父母的信息，如本人学历、工作、住址、财务状况、健康状况及父母工作单位、父母健康状况等。

[3] 文禹衡,于琳.我国个人信息法律保护现状、主要问题及完善路径：基于《中华人民共和国个人信息保护法》的词频统计与分析[J].图书馆理论与实践,2022(4):12-21+28.

面，法律规范存在滞后性。大数据、云计算及人工智能等新兴信息技术不断涌现，个人信息范围呈不断扩大之势。现有个人信息保护制度没有及时调整，不能满足数字经济时代的发展要求。《个人信息保护法》将匿名化信息排除于规制范围之外 [1]，原则上匿名化处理后的信息无法再度识别出特定自然人，不会损害自然人人格利益，为信息自由流转提供可行渠道。[2] 然而，新兴信息技术的发展已证明真正实现信息的"匿名化"难度极高。大数据处理技术下的新数据分析模式突破了匿名处理的限制，可根据具体需求、利用多种整合方式从海量数据中提取所需信息。[3] 有学者指出匿名状态是相对的，仅在特定场景中有效，原则上并不存在绝对匿名化。[4] 为充分保障自然人的人格利益，将"匿名化处理后的信息"纳入个人信息保护范围之中，显得愈加必要。

二、"适格个人信息"界定的标准检视

何为应受法律保护的"适格个人信息"？需重塑"适格个人信息"的界定标准，并科学厘定"适格个人信息"的应然范畴。个人信息保护范围界定标准并未得到统一，目前具有代表性的理论有关联说理论 [5]、隐私说

---

[1]　《个人信息保护法》第七十三条第四项规定"匿名化是指个人信息经过处理无法识别特定自然人且不能复原的过程"。

[2]　谢琳. 大数据时代个人信息边界的界定 [J]. 学术研究 ,2019(3):69-75.

[3]　梅夏英，朱开鑫. 论网络行为数据的法律属性与利用规则 [J]. 北方法学 ,2019,13(2):32-41.

[4]　范为. 大数据时代个人信息定义的再审视 [J]. 信息安全与通信保密 ,2016(10): 70-80.

[5]　关联说理论认为，个人信息的界定标准应当参考某一信息与自然人之间的关联性。但该理论认为凡是具有关联性的信息均属于个人信息，这种以关联性为界定标准的方式会导致个人信息因范围过大而无法明确，面临信息内容无限扩张的风险。

理论[1]和识别说理论，其中占据主流的是识别说理论。从识别角度来看，可直接或者间接识别特定当事人的信息是个人信息。从关联角度来看，即从自然人出发，与该自然人相关的信息就是个人信息。

识别说理论的基本观点是通过对个人信息的识别，从而建立信息与主体之间的联系，并通过该联系确定信息主体。[2]识别可以分为直接识别（单独识别）和间接识别（与其他信息结合识别）两种，两者在识别信息内容参与者的真实身份上存在明显的区别。[3]简言之，直接识别是指通过单独的某个/些信息即可识别出特定自然人，如通过身份证件号码、指纹等可以直接识别出特定自然人；间接识别是指通过单独的某个/些信息无法识别出特定自然人，需要与其他信息相结合，如通过单独的名字难以识别出特定自然人，但与性别、籍贯、出生日期或者父母姓名等其他信息相结合即可达到识别目的。依据达到识别标准的要求对信息予以过滤、筛选，直接识别不存在大的障碍，而间接识别是基于与主体建立一定的关联，通过识别其他信息或者与其他信息相结合以达到识别主体的目的。[4]《个人信息保护法》第四条规定，已识别是指特定自然人已经被识别出；可识别是指识别出特定自然人的可能性，能够通过直接识别或者间接识别进行。简言之，若某一自然人在一群人中被视为有别于该群体中的其他自然人，即

[1] 隐私说理论认为，凡是属于隐私的信息都属于个人信息的范畴，通过引入美国的隐私权模式对个人信息进行界定。但我国与美国在个人信息保护的传统和观念上存在很大区别，美国的隐私内容较为广泛，它几乎包括了个人生活中的全部信息内容，并且会随着时代的发展不断更新其内涵和外延。在我国，适用隐私说理论来界定个人信息不仅会导致信息的范围缩小，还会产生个人信息与隐私重合的困境。

[2] 齐爱民. 论个人信息的法律属性与构成要素 [J]. 情报理论与实践,2009,32(10): 26-29.

[3] 齐爱民. 大数据时代个人信息保护法国际比较研究 [M]. 北京：法律出版社,2015:222.

[4] 洪海林. 个人信息的民法保护研究 [M]. 北京：法律出版社,2010:136.

可认定为已识别。若某一自然人的身份虽然尚未被识别，但识别其身份具有可能性，即可认定为可识别。

（一）识别标准不一致

由于识别说缺乏统一的定义，使不同的立法主体在识别标准的理解上存在较大分歧：既有直接识别，又有间接识别；既有已识别，又有可识别。界定标准的不一致直接导致司法实践中裁判冲突的现象突出。

在"朱某与百度网讯公司隐私权纠纷案"中，对涉案信息是否具有识别性，二审与一审的裁判结果截然相反。一审法院认为，个人隐私除了用户个人信息外，还包括私人活动、私有领域。朱某使用三个特定的词进行网络搜索的行为，在互联网留下个人的活动轨迹。这一活动轨迹反映了个人的需求、兴趣等私人信息，体现了个人的上网偏好，已标志了个人的基本情况和私人生活情况，属于个人隐私的范围。[1]据此，涉案信息已具有个人信息的识别性，可以识别出特定的自然人，属于个人信息，被告存在侵权行为。而二审法院认为，涉案个人信息已经被匿名化，一旦与网络用户身份分离，便无法确定信息归属主体，不具有识别性，不属于个人信息，被告不存在侵权行为。一审法院认为，涉案个人信息具有私密性，故符合识别性标准。这混淆了私密性与识别性的界限，并未厘清识别性的内涵。二审法院认为，涉案信息由于经过匿名化处理而不具有识别性，不能识别出特定自然人。简言之，二审法院认定单独通过关键词搜索无法识别出信息归属主体，即不符合识别性标准，这显然片面运用了直接识别。[2]这一认识受到了广泛质疑，识别性内涵过于模糊，影响了司法实践中对个人信

---

[1] 李若柳.Cookie 的合理使用法律问题研究 [D]. 北京：对外经济贸易大学,2017.

[2] 李谦.人格、隐私与数据：商业实践及其限度——兼评中国 cookie 隐私权纠纷第一案 [J]. 中国法律评论,2017(2):122-138.

息的认定。[1]

（二）直接识别适用有限

《信息安全技术个人信息去标识化效果分级评估规范》（征求意见稿）依据个人信息具有的识别能力将其划分为直接识别性个人信息和间接识别性个人信息。其中，直接识别性个人信息是指可单独识别出特定自然人的各种信息，如生物识别信息、身份证件号码等。此类信息无须与其他信息相结合，即可将个人与社会群体中的其他人相区别。但是，实践中可以适用直接识别的情况十分有限，部分直接识别性个人信息仍需借助其他条件。有学者认为，姓名属于直接识别性个人信息，但在出现重名时，姓名无法独立识别出特定自然人，只能提供一个概括的人群范围。与此相同，家庭住址虽然与特定自然人关系紧密，但其背后仍是抽象的家庭成员，而非具体的个人。

看似可指向某一对象的信息，可能只是识别出一个抽象的个体或者概括的范围。[2] 某类直接识别性个人信息是否在特定条件下会转变为标志性强的信息仍值得商榷。此外，身份证件号码等信息虽然可以独立识别出特定自然人，但仅限定于特殊识别主体这一前提下。对一般公众而言，难以凭借一己之力获取身份证件号码等直接信息锁定特定自然人。因此，识别主体的识别能力亦在一定程度上影响了部分信息是否具有直接识别性的判定。因此，直接识别的适用情况有限，且相关要素的认定标准尚未统一，直接识别没有发挥其应有的作用。

（三）间接识别性个人信息泛化

间接识别性个人信息是指仅依据单独信息无法识别出特定自然人，但

---

[1] 涂燕辉."上网轨迹"信息的法律界定及其商业化利用界限：以朱烨诉百度 cookie 侵权案为例 [J]. 北京政法职业学院学报,2016(3):47-53.

[2] 杨楠. 个人信息"可识别性"扩张之反思与限缩 [J]. 大连理工大学学报（社会科学版）,2021,42(2):98-107.

将其与其他信息相结合，能确定信息归属主体的各种信息。因此，具有识别可能性的信息均可纳入间接识别性个人信息的范畴，导致其外延极易扩大化。当前，我国相关法律法规和司法解释尚未对间接识别性个人信息的判断标准作出具体可操作的解释，且现有立法对间接识别性个人信息内涵与外延的界定较为宽泛和模糊。[1]

其一，就识别主体的角度而言，与信息归属主体有亲缘关系或者存在地缘、工作、学习或者其他交往关系的人，所掌握的信息相对充分，推知出特定自然人的能力较强；而一般人通过比对、结合而识别出特定自然人的能力较弱。[2] 因此，识别性标准具有相对性，以关系密切人为标准，间接识别性个人信息的范围较大。

其二，就识别方式的角度而言，掌握特殊信息途径和专门搜索引擎的群体，推知特定自然人的能力较强；而一般人识别出特定自然人的能力较弱。因此，以识别方式为标准，间接识别性个人信息的范围较大。

其三，就时代背景的角度而言，原本不具有识别性的信息，在大数据时代则具有被识别的可能。随着技术的进步，去识别化的信息亦会重新成为可识别信息。[3] 有学者指出："将间接识别性纳入个人资料保护法的范围，造成个人资料保护对象扩张，不仅无法达到个人资料保护的目的，亦造成社会活动动辄侵犯个人资料的疑义。"[4]

无论是立法实践还是理论研究，始终将"适格个人信息"范围界定作

---

[1]　孙其华.我国间接识别个人信息规制机制的检视与完善[J].上海对外经贸大学学报,2022,29(1):31−41.

[2]　范姜真媺.个人资料保护法关于"个人资料"保护范围之检讨[J].东海法学(台中),2013(60):96−97.

[3]　储陈城.大数据时代个人信息保护与利用的刑法立场转换:基于比较法视野的考察[J].中国刑事法杂志,2019(5):48−62.

[4]　黄翰义.自直接识别性及公共利益之观点:论个人资料保护法之缺失[J].裁判时报,2015(31):66−73.

为个人信息保护制度中的基础部分。[1] 通过对比国内外关于个人信息保护范围的界定标准，不难发现占主流的识别说理论与我国法律规定的隐私权等传统概念的联系。《民法典》《个人信息保护法》等法律的制定过程中，也曾引发关于识别说和关联说存废的争论。若以识别说为限，难以为司法实践提供可细化操作的认定标准；若以关联说为限，则会产生无限扩张个人信息外延的可能性。[2] 在借鉴关联说优势的同时，有对当下占据主流的识别说理论予以重塑的必要。

三、"适格个人信息"界定的标准重塑

目前，国内识别标准较为抽象，个人信息界定仍限于识别对象角度，尚未在方法论上提供切实有效的识别标准。[3] 适用识别说理论对"适格个人信息"的范围与界限予以厘定，是目前国际上通行的做法，亦已得到我国多数法律法规的立法认可。[4] 应当在坚持识别说理论的基础上，予以适当调适与修正。"适格个人信息"具有"识别"和"记录"两个要素，前者为实质要素，后者为形式要素。[5] "识别"作为"适格个人信息"构成中的实质性要素，对主体身份的确定起重要作用。信息本身并不具有意义，只有当信息通过人的力量被具体化后，才能够得到自身的定位。在主体与信息之间建立联系，方能体现出个人信息的价值，不管采取直接方式还是

[1]　梅夏英, 刘明. 大数据时代下的个人信息范围界定 [J]. 社会治理法治前沿年刊, 2013(1):33−58.

[2]　赵精武. 个人信息"可识别"标准的适用困局与理论矫正：以二手车车况信息为例 [J]. 社会科学, 2021(12):126−135.

[3]　赵精武. 个人信息"可识别"标准的适用困局与理论矫正：以二手车车况信息为例 [J]. 社会科学, 2021(12):126−135.

[4]　陈伟, 宋坤鹏. 数据化时代"公民个人信息"的范围再界定 [J]. 西北民族大学学报 (哲学社会科学版),2021(2):88−96.

[5]　齐爱民. 个人信息保护法研究 [J]. 河北法学, 2008(4):15−33.

间接方式，均可称为个人信息。[1]

（一）"适格个人信息"的界定标准

如何理解法学视域下的"识别"？"识别"是人们逻辑思维的主体活动，系人们运用专业知识、工作经验和其他信息，基于判断和推理以区分某个／些事物与整个世界之间关系的全过程。识别的基本含义是辨识某一自然人的身份，使其被识别出来。[2]识别最初被认定为一种国际私法制度，其基本要求是根据特定的案件来识别适用何种法律。个人信息保护领域中的识别，则被认定为辨识信息主体与客体之间的某种关联性。简言之，通过识别的标准能够在个人信息与特定的权利主体之间建立一定的联系，从而帮助判断出特定自然人。其中，最关键的是识别标准的具体制定。通过个人信息来确定信息的主体，属于逆向认知，可以有效保护个人信息主体的安全。[3]每个人都处于社会生活中，在日常生活中总会与他人建立复杂多样的联系，确保个人信息的安全性，方能稳定社会秩序。从自然人的角度出发，识别包括两种内涵。其一是个人信息的表露，最直观的体现就是一个人的姓名。除此之外，还可以是能够与特定自然人产生直接联系的标志，如工作单位、公司职位等。其二是自然人的个性或者特征，如特殊喜好、习惯或者做事方式等。[4]

在构成个人信息的诸多要素中，形式要素是指在形式上具有特定规范的要素，又称为特别要素，该要素在《个人信息保护法》的保护范围中予

[1] 高富平.论个人信息保护的目的：以个人信息保护法益区分为核心 [J].法商研究,2019,36(1):93-104.

[2] 高富平.个人信息流通利用的制度基础：以信息识别性为视角 [J].环球法律评论,2022,44(1):84-99.

[3] 齐爱民,张哲.识别与再识别：个人信息的概念界定与立法选择 [J].重庆大学学报 (社会科学版),2018,24(2):119-131.

[4] 高富平.论个人信息保护的目的：以个人信息保护法益区分为核心 [J].法商研究,2019,36(1):93-104.

以规范。[1] 特别规定个人信息形式要素的具体原因有二：其一，个人信息立法保护存在的意义就在于对传统模式下人格权保护的有力补充。若不对个人信息的形式予以限制，则会对传统的人格权法造成一定冲击。其二，若将社会上所有流通的个人信息均划入个人信息保护法中，则很容易出现信息禁锢的问题，这就背离了信息流动对社会发展进步的初衷。美国《隐私权法》指出，记录是指行政机关为了使个人信息的分类及整合能有效进行所采取的行为，记录的范围不仅限于个人财产，还包含个人姓名、教育程度、职业经历、就医情况及照片、声音等。《德国联邦数据保护法》对此亦有明确规定，记录的对象包含声音、图像等，但不包含注释或者手稿的一部分；固定是指已收集的个人信息、某些图像或者新闻媒体需要用作媒体信息的内容，应当以一定的形式予以确定。另外，根据特殊方法必须能够搜索到个人信息或者可以执行其他解决方案。我国香港特别行政区在1996 年就规定了个人信息存储的方法必须能够解析或者查看。

具体而言，在判断具体信息是否属于"适格个人信息"时，不仅需要满足上述识别说理论中包含的"识别"与"记录"两个要素，还应当着重考虑识别能力、识别目的、识别成本等因素。

1. 识别能力

《民法典》中并没有明确界定识别能力的标准。与国外立法相比，虽然各国在文化背景和个人信息保护的立法目的等方面存在差异，但许多国家已对识别能力的认定标准予以规定。

识别能力包括识别主体和识别方式。在识别主体层面，有学者主张"社会多数人说"，认为应当从"社会一般人"的角度出发，判断涉案信息是否具有识别性；也有学者主张"任一主体说"，认为只要社会中的任一主体能够识别出涉案信息归属主体，该信息即具有识别性。[2] "社会多数人

[1] 韩旭至.个人信息的法律界定及类型化研究 [M].北京：法律出版社,2018:48.
[2] 韩旭至.个人信息概念的法教义学分析：以《网络安全法》第 76 条第 5 款为中心 [J].重庆大学学报 (社会科学版),2018,24(2):154−165.

说"不适应社会的实际状况，忽视了社会中不同的信息控制者的识别能力。对于没有专业知识和技能的人无法识别的信息，不代表有专业知识和技能的人也无法识别。识别能力较强的信息控制主体可以通过去匿名化等技术处理，整合原本看似无法识别的信息，识别出特定自然人。在识别性的判定上，"任一主体说"存在范围过于宽泛且标准不稳定的问题。在识别方式层面，亦存在诸多争议：其一，识别方式包括社会上现存的所有识别方式；其二，识别方式包括信息控制主体可以利用的所有合理的识别方式；其三，识别方式仅包括社会一般人可以利用的识别方式。

在认定涉案信息是否具有识别性时，许多法院引入了场景理论，即在具体的情景中评价个人信息。在识别主体的认定上，更应依据个案中不同信息控制主体的具体情况予以判定。在识别方式的认定上，应当借鉴欧盟相关规定，信息控制主体通过可利用的所有合理的方式进行信息识别，从而锁定特定的自然人。虽然"合理"等概括性表述的使用可能会使识别方式的认定标准存在一定的模糊性，但该方式与"场景化"分析方法相衔接，可以使识别性的认定标准得以统一。

2. 识别目的

识别目的是指识别特定自然人的目的或者动机。在"庞某某与北京趣拿信息技术有限公司（以下简称趣拿公司）等隐私权纠纷案"中，中国东方航空股份有限公司（以下简称东航）、趣拿公司掌握的庞某某行程信息虽然具有识别出特定自然人的可能性，但由于其不具有识别目的，涉案行程信息不宜认定为个人信息。识别目的虽然不属于识别性的构成因素，但影响着如何平衡个人信息保护与信息合理利用之间的关系。在信息控制主体明显不具有识别目的时，若严格限制其合理利用信息的行为，不仅对信息控制主体不公平，亦不利于相关产业的发展。

3. 识别成本

识别成本包括获取信息的成本与识别信息的成本。就具体的信息控制主体而言，判断特定的信息是否具有识别性时，应当考虑实现信息识别性的综合难度。简言之，判断涉案信息是否属于"适格个人信息"时，不仅应当考虑其是否存在识别的可能性，还应当考虑可以实现识别时的成本。若涉案信息具有识别的可能性，但识别该信息需要不合比例的高成本付出时，是否仍视其具有识别性，进而是否将该信息界定为"适格个人信息"予以保护，值得商榷。因此，应当将识别成本纳入识别性判断要素之中。

综合现有条件，部分信息虽然具有识别的可能性，但其识别可能性较低，且识别过程需要付出不合比例的高成本，即使该信息可以实现识别，但就特定的信息控制主体而言，实际上与经匿名化处理后的信息毫无二致。但是，识别成本会随着科学技术的发展而逐渐降低，故在衡量个案中的识别成本时，只能参考当时特定信息控制主体的识别能力，而不能以之前的或者未来可能的识别能力作为识别能力的认定依据。这亦需要我们以动态的、发展的眼光审视具体案件中的识别性争议问题，综合考量不同场景中的不同因素，对涉案信息的识别性予以判定。

综上所述，在识别性的判定上，通过增加识别能力、识别目的及识别成本等判断因素，可以更好地厘清识别性的应然内涵，从而实现个人信息保护与信息合理利用之间的平衡。通过构建个人信息"识别性要素逐一审查"模式，为司法实践提供更加具体、清晰、可操作的认定依据。在实现个人信息保护、捍卫人格权益的同时，通过信息的流通与利用，最大限度地发挥"适格个人信息"的价值。

（二）"适格个人信息"的应然范畴

"社会的需要和意见往往是或多或少走在法律前面的。我们可能非常接近地达到它们之间缺口的接合处，但永远存在的趋向是要将缺口重新打开。"[1]应立足个人信息实质内涵与法益基础，根据"识别性要素逐一审查"

---

[1] 亨利·萨姆奈·梅因. 古代法 [M]. 沈景一, 译. 北京：商务印书馆,1959:15.

模式,对"适格个人信息"范围进行应然扩充,以顺应数据化时代发展需要。

1."适格个人信息"之基本信息

"适格个人信息"范围中的基本信息,主要是指在网络环境下,个人为正常进行网络活动必须提供受法律保护的个人信息,主要包括姓名、性别、年龄、身份证件号码、电话号码及邮箱等,少数情况下还包含家庭地址,现实生活中需要提供上述个人信息的情形十分普遍。例如,在注册微信、微博等社交平台账号时,必须提供真实的姓名、身份证件号码作为实名备案的依据,必须提供电话号码、邮箱等作为接收验证码或者用户登录的凭证;在网络下单订外卖时,必须提供家庭住址、电话号码用以接收外卖的配送信息;在使用共享单车时,运营平台可以通过实时定位掌握单车及使用者的位置信息。由此可见,实践中大量自然人的个人基本信息被网络运营商掌握,而这些信息均可以单独或者通过相互结合的方式来识别出特定自然人。

2."适格个人信息"之设备信息

"适格个人信息"范围中的设备信息,主要是指人们在网络环境中使用的各种终端设备信息。例如,线下消费时使用的 POS 机,在银行办理业务时使用的银行自动柜员机,进行网络活动时使用的电脑型号、系统版本及无线网络列表等一系列与设备有关的信息。虽然此类信息看似与特定自然人的关联性不如基本信息一般强烈,但事实上,由于这些信息与用户个人进行的活动内容密切相关,其一旦泄露或者遭非法利用,对用户个人信息安全造成的威胁不容小觑。

3."适格个人信息"之账户信息

账户信息较易理解,即自然人在各类平台上进行网络活动时注册的个人账号。如 QQ、微信等社交媒介,王者荣耀、英雄联盟等游戏账号。以上账号信息看似仅存在于虚拟的网络世界中,但正如现今对社交账号是否可以作为遗产予以继承的探讨愈加强烈一样,网络账号自身的财产属性越发凸显，其具有的代表意义也越发重要。游戏账号中的一套装备甚至可以折合人民币几千元到几万元不等。因此，保护账户信息的安全同样十分重要。

4.“适格个人信息”之其他信息

除以上三种信息以外，“适格个人信息”的涵盖范围还包括隐私信息、网络行为信息及社会关系信息等。这些信息系用户在进行网络活动的过程中，刻意或者无意间留下而被网络运营商掌握。假若出现网络运营商恶意泄露或者保管不善等情况，极易导致个人信息安全受到威胁，大量的个人信息将面临泄露的风险。

综上所述，在“适格个人信息”安全保护的问题上，包括网络运营商、个人信息持有者及信息归属主体在内的多方主体应当在明确“适格个人信息”涵盖范围的基础上，实现多方联动，以更好地维护个人信息安全。

四、“适格个人信息”的类型化区分

法律需要可预期性和稳定性，自由裁量范围应受到必要约束。个人信息具有一定的抽象性和不确定性，在具体认定过程中难免存在自由裁量空间。根据不同区分标准，类型划分不尽相同，各自蕴含的人格利益亦存在差异。[1] 故根据一定标准对“适格个人信息”予以类型化研究不可或缺。

（一）敏感与非敏感个人信息

根据信息的敏感程度，“适格个人信息”分为敏感个人信息与非敏感个人信息。敏感个人信息在法律上占有重要位置，一般会涉及个人隐私，而非敏感个人信息是指不涉及个人隐私的信息。[2] 敏感信息若被泄露，会造成信息归属主体的巨大利益损失，故所采取的保护措施应当更加严格。

敏感信息与非敏感信息的分类在比较法上较为常见，我国亦有关于敏

---

[1]　张红.民法典之隐私权立法论 [J]. 社会科学家 ,2019(1):7–21.

[2]　韩旭至.个人信息的法律界定及类型化研究 [M]. 北京：法律出版社 ,2018:137.

感信息的规定。[1]《民法典》明确指出，法律保障个人信息的安全性，在获取上需要通过合理、合法的途径。这为个人信息的取得赋予了法律支撑，但《民法典》中并未指明何为敏感信息。《民法典》规定了医疗机构及其医务人员应当对患者的隐私和个人信息的保密义务。在未经其同意的情况下，公开其病历和相关资料应当依据法律承担相应责任。虽然其中没有针对个人信息的敏感性作出明确划分的规定，但这并不能表明划分信息的敏感程度是不重要的。我国《个人信息保护法》采取了敏感信息和非敏感信息的区分方式，并根据敏感度的不同确立了不同的利用和保护规则。[2]这是出于不同的规范目的对个人信息进行划分的结果，二者均具有重要意义，并不冲突。

　　敏感信息的范围应当予以明确。敏感信息是指对主体信息进行滥用或者泄露，从而引发个人受到歧视性待遇的信息。[3]由于敏感信息往往涉及自然人的人格尊严或者其他较为重要的信息，故这一类信息若被非法利用，会对信息归属主体的人格自由、人格尊严及其他重大权利造成不可弥补的损失。具体而言，它可以包括自然人的民族、信仰、政治主张、基因信息、医疗病历、性取向与性生活、生物识别信息、财产储蓄及证券金融等。其中，自然人的基因信息与生物识别信息具有明显的不可变动性和唯一性。随着人工智能技术的深入发展，生物识别信息会与自然人的财产或者隐私等权益产生极强的联系。具体而言，生物识别信息内容和遗传信息内容均是由生物技术和通信技术的发展生成的信息内容，遗传信息的内容不仅可以显示人的独特生理或者健康信息，更重要的是遗传基因与家庭和种族有关。

---

[1]　例如，我国《征信业管理条例》中明确指出个人基因、指纹等属于医疗敏感信息，收集财产类敏感信息须经主体明示同意。

[2]　与《民法典》相比，《个人信息保护法》对个人信息的保护更具全面性和规范性，同时具有公法和私法的综合属性。正因如此，需要从处理细则的角度出发，进一步划分敏感和非敏感信息、私密和非私密信息。

[3]　张红.民法典之隐私权立法论[J].社会科学家,2019(1):7-21.

因此，遗传信息内容泄露很可能会导致该自然人甚至其家庭遭受歧视。生物特征信息内容是指通过使用技术专用工具分析人类行为或者人类特征，从而获得的信息内容。一方面，这一类型的信息内容可以确定自然人的真实身份；另一方面，它可以执行其他的人性化服务，如指纹识别。若在许多方面未对其予以特殊维护，则刷脸支付、金融机构账户登录等可能会导致无法预测和估量的损失。此外，位置精确定位是依靠通信设备来精准确定特定自然人的位置，亦应为敏感信息。如果没有正确使用位置定位信息内容，不仅会严重威胁信息归属主体的人身安全，还会给信息权人的生活安宁带来威胁。[1] 个人储蓄、证券等金融信息也属于敏感信息的范畴，该类信息可以展现特定自然人的个人经济状况和消费理念，若金融信息遭到泄露，极易造成财产损失。

（二）私密与非私密个人信息

根据信息的私密程度，"适格个人信息"可分为私密个人信息与非私密个人信息。[2] 我国《民法典》采取了这种分类模式[3]，私密信息、非私密信息的分类与根据敏感度进行的分类存在很大区别，二者并不重复。私密信息与敏感信息之间存在交叉关系。例如，自然人的健康状况、性取向等个人信息均属于敏感信息与私密信息相交叉的信息范围；个人爱好等信息虽然具有很高的私密性，但并不敏感；民族种族、政治面貌及宗教信仰等信息虽然私密性不强，但较为敏感。私密信息与敏感信息的不同之处在于界定私密信息需要结合权益人的人格尊严与人格自由，再加以具体情况

---

[1] 例如，法律法规、宗教信仰所要求的言论自由。如果此类信息内容被非法利用，则可能会侵犯普通合伙人的基本公民权利和其他相关的法律权利，如政治权利。

[2] 张红. 民法典之隐私权立法论 [J]. 社会科学家, 2019(1):7-21.

[3] 我国《民法典》中对私密信息和非私密信息采取了不同的进路，个人信息中的私密信息应适用有关隐私权的规则，而非私密信息则不能适用有关隐私权的规则，对非私密信息的保护适用有关个人信息保护的规定。

具体分析。"法律既然服务于社会，就需要随着社会的发展与时俱进。"[1]
同样地，对于个人信息而言，在科技不发达的时代，个人信息的泄露可能
只造成小范围或者局部的影响。但是，随着当下大数据技术的发展，很多
人将个人信息放到网上进行人肉搜索，自然人受到伤害的风险变得更高。
因此，在具体界定"适格个人信息"时，需要充分考虑个人信息的敏感与
私密因素。

私密信息与非私密信息之间存在很大的区别。私密信息一般不会危害
社会，是自然人不愿泄露的信息。私密信息既可能有关个人高尚的一面，
也有可能有关个人阴暗自私的一面，毕竟法律没有强行规定每个人都要积
极向善。因此，只要法律没有强制要求，即便是被世人唾弃的信息，也属
于自然人的私密信息范畴。例如，如果单方面向社会各界公布了他人的出
轨行为，但未征得信息归属主体的同意，则可以被认定为侵犯他人私密信
息的行为。自然人的出生日期、身高体重、婚姻状况、健康状况及犯罪历
史等信息均属于私密信息的范畴，未经当事人允许，不得随意公布，否则
会侵犯个人隐私。作为个人信息的一部分，非私密信息是为了使个人顺利
进行社会交往，可以被外界了解的个人信息。这些信息常常在交往中被传
播，当然这些信息也是自然人愿意公开的。以自然人姓名为例，姓名作为
自然人的一种代称，是人与人之间区别的标志之一。社会交往中，自然人
的人格特征可以通过姓名的交流与传递得到一定程度的保护与区分。对于
自然人而言，姓名是社会交往的名片之一。很常见的情况是，自然人会主
动将姓名、手机号码等信息在各种社交网络上予以公开，在这种本人愿
意且主动公开的情况下，自然人所公开的个人信息即不再具有私密性。

私密信息受到个人信息和隐私的双重保护。前述的身体健康状况及家
庭住址等信息，若自然人不愿意公布，均应认定为私密信息。对不同类型
的个人信息适用不同的规则，要么征得隐私权人的同意，要么法律允许，

---

[1]　穗积陈重.法律进化论[M].黄尊三,等译.北京:中国政法大学出版社,1997:53.

否则任何组织私自泄露或者传播自然人私密信息的行为均涉嫌违法。相对而言，对于非私密信息的处理规则就较为宽松。在利用非私密信息时，取得权利人的许可或者在法律允许的范围内，权利人监护人的同意亦可以成为免责事由。虽然个人信息的私密性有所不同，但个人信息所引起的侵权纠纷均适用相同的规范。具体而言，不管是自然人，还是政府行政机关、司法机关、社会组织，在处理个人信息的侵权纷争时，均应判断侵权纠纷中的个人信息是否属于私密信息。

《民法典》区分了一般个人信息与私密信息，并对私密信息予以特殊保护。从每个人的实际情况出发，个人的婚姻状况、犯罪历史、身体健康情况及财产信息应属于私密信息的范畴。但是，自然人的姓名、性别等较难掩饰的信息则属于非私密信息的范畴。在社会交往中，离不开对姓名等个人信息的使用，这些信息不再具有私密性。《民法典》虽然针对个人信息的私密性进行了一定程度的区分，但对网络浏览记录、购物信息等边缘信息的私密性仍然存在较大的争议。由于我国对处理私密信息和非私密信息采取不同的法律规制，故为了适用合理的规则，对相应信息是否属于私密信息的区分与判断就显得尤为重要。为了更好地维护权利人的合法权益，应当确立一定的界定标准以判断相关个人信息是否属于私密信息，并在此基础上选择对应的处理规则。在判断个人信息是否属于私密信息时，不能依靠个人的主观臆断或者生活经验，而应当交由相应的法律规则判断，可以适当地加以社会大众的认知，综合各种因素。[1]

（三）公开与非公开个人信息

公开的个人信息一般符合法律规定的范畴，而有些信息虽然被公开了

---

[1] 判断某些信息是否属于私密信息的标准有两个：一是看该信息对自然人的人身财产权益、人格自由和人格尊严的影响程度，毫无疑问，私密信息对这些的影响程度非常大；二是看社会正常交往时，对该信息的依赖程度，自然人正常的社会交往一般依赖于非私密信息。

却不为法律所承认，因为这些被公开的信息是被非法泄露的。判断个人信息是否属于公开信息，主要是看信息的处理主体有没有得到权利主体的同意，法律法规特别规定的除外，未得到权利主体或者其监护人同意，则不能公开个人信息。涉及自然人合法权益的个人信息受法律保护，但应当根据不同的情况选择不同的保护程度。自然人已公布于众的信息，即使是私密信息，如果被擅自使用，也难以援引隐私权予以保护。经公开的私密信息，不再适用《民法典》有关私密信息适用隐私权的法律规定。

自然人合法公开的个人信息包括两类：一是自然人自行公开的个人信息。自然人通过一定方式将信息公之于众时（排除信息泄露或者被非法窃取的情形），我们可以理解为自然人默许他人对这些信息的了解和认知。不管公开的方式如何，一旦自然人将个人信息公开，他人就可以合法获取。二是法律允许并强制要求自然人公布的个人信息。这主要包括以下两种类型：一种是与个人行政行为有关的信息。例如，除涉及商业机密、国家安全、政府信息等行政机关不得公开的个人信息以外，政府及其工作人员可依法公开自然人其他个人信息。又如，国务院合法报告中显示企业部门向工商部门报备的年度报告，亦可以向社会公开。企业年度报告中所涉及的公司法人、股东信息、股东个人收益、公司成立时间、发起人及出资额度等个人信息均可以向社会公示。另一种是根据自然人参与的司法活动适当公布的个人信息，即个人在参与司法活动的过程中所接收的法律文书中涉及的个人信息。最高人民法院有明确规定，除涉及国家机密、未成年人犯罪等外，人民法院作出的裁决文书均应当向社会大众公开。最高人民法院可以通过互联网的形式发布裁判文书，但在网络上发布裁判文书时，应当注意保护自然人的私密信息，如家庭住址、电话号码、车牌号等信息。尽管以上信息不可以向社会公开，但仍需要在裁判文书中予以体现，以留作司法证据。

目前，个人信息的界定标准建构于识别说理论的基础上，存在识别标准不一致、直接识别适用有限及间接识别性个人信息泛化等问题。识别说理论有其合理性与必要性，但应当予以适当调适与修正。在判断具体信息是否属于"适格个人信息"时，不仅需要审查"识别"与"记录"两个要素，还需增加识别能力、识别目的及识别成本等判断因素，以更好地厘清识别性的应然内涵，从而实现个人信息保护与信息合理利用之间的平衡。为顺应数字化时代的发展需要，应当对"适格个人信息"的范围予以适当扩充。"适格个人信息"的应然范畴包括基本信息、设备信息、账户信息及其他信息。此外，根据不同的标准将"适格个人信息"区分为敏感与非敏感个人信息、私密与非私密个人信息、公开与非公开个人信息三种类型，并适用不同的保护规则。在保护信息归属主体合法权益的同时，促进数字经济的繁荣发展。

第三章 个人信息民法保护的模式

个人信息保护的必要性无须多议，但对个人信息保护的模式却备受争议。个人信息的保护模式不仅包含对个人信息权益性质的理解，也包含对侵犯个人信息救济方式的选择。本章首先对个人信息的保护模式进行比较考察，在此基础上结合我们国家的立法背景和司法实践对个人信息的权利属性给予合理界定，并论证个人信息权的权能架构。

第一节 个人信息保护模式的比较考察

一、欧盟：保护一般人格权，统一立法

欧盟通过保护一般人格权等模式保护公民的个人权益不受侵犯。欧盟自成立起就尤其重视对个人信息的立法保护，并且有一套专门的理论来维护个人的合法权益。欧盟有一整套理论体系，对个人信息进行了全方位、宽领域、多层次的保护。大陆法系国家的个人信息一般被人格权涵盖。[1]

---

[1] 马特. 隐私权研究：以体系构建为中心 [M]. 北京：中国人民大学出版社，2014:311.

但是欧洲各国普遍认为，个人信息属于自然人基本权利范畴，受到法律合法保护是理所应当的。在欧洲各国的认知中，个人信息作为自然人人格的载体，是和公民的人身自由、人格尊严有同等法律地位的。[1] 为了保护个人信息的安全，欧洲各国引入了"信息自决权"这一新的法律概念。欧洲各国普遍认为"每个公民都应该享有最基本的个人信息权"，但个人信息权的理论前提是法律能够有效维护个人的信息权益不受侵犯。欧洲各国通过立法先行的模式维护个人信息保护，真正意义上做到了有法可依。欧盟不仅通过统一立法来保护个人信息，而且建立了相关的配套措施，通过监管措施为个人信息保护提供了制度保障，这充分体现了欧盟对人权的重视。同时，这种做法体现了欧洲各国更加联合的趋势。[2] 各国政府以此为依据，在自身基本国情的基础上制定了较为严格的保护体系，个人信息利用者也要符合政府与法律的要求。

一般人格权理论作为欧盟保护个人信息的理论基础在当前社会需要重新审视。与欧洲各国保护个人信息决定权与个人公共形象权不同的是，大陆法系国家更注重对个人名誉和人格尊严的保护，如大陆法系国家往往重视个人肖像权不受侵犯，以及个人名誉权不受侵犯。欧洲各国的法律对个人信息的方方面面都进行了具体的划分，制定了具体的保护条例。欧盟在价值选择方面倾向于保护个人信息中的人格利益。[3] 随着信息处理技术的发展，欧盟开启了统一立法保护个人信息的序章，通过赋予法律主体更多的合法权利来对抗外界对信息权益的干扰。这样一来，就要求政府等信息管理者对个人信息的监管与保护更加严格，从而大大减少在信息主体不知情的情况下信息向外散播的情况。当欧洲各国以立法的形式向外宣布个人

[1] SUTTON G. EU-China Personal Data Protection:Questions and Answers. The Findings of EU-China Information Society Project［E］. 2008.

[2] 王利明. 隐私权概念的再界定 [J]. 法学家,2012(1):108–120+178.

[3] 同 [1].

信息是一项基本的人权时,美国政府陷入了深深的思考,因为当时在美国,个人信息隐私权尚未有立法的保护。欧洲各国和美国对个人信息的保护方式截然不同,就算在欧盟各成员国之间,成员国的立法规则也不尽相同,但是各成员国为了维护共同的利益,在个人信息的保护大框架方面是保持一致的,这些无疑加速了欧盟各成员国之间的趋同性与一致性。欧盟要求各成员国通过限制个人信息的流通来从根本上维护欧盟各成员国的个人信息权利。

欧盟对各成员国的立法模式作了统一规范要求。欧洲各国的信息保护过程相当曲折,刚开始欧洲的信息保护并不是由欧盟统一规定的,而是由各个国家主导规则,直到欧盟成立后,欧洲各国的个人信息立法才与国际接轨,并逐步进入正常轨道。欧盟对个人信息的保护不同于传统欧洲的法律与政治框架,而是由一整套的原则指令与法律指南组成,这一系列规则不仅对欧盟的立法作了规范,也对欧盟各成员国内部之间的立法提出了要求。[1]欧盟要求各成员国在保护欧洲公民个人权益不受侵犯的同时,提出了要让公民的信息可在欧盟各国之间合法流动的要求,这就需要欧盟建立一套统一的对个人隐私保护的法律法规和制度体系。欧盟各国坚持立法先行的原则,在欧盟各成员国原有的法律基础上加以整合改造,于 1995 年颁布了可在欧盟各成员国统一施行的法律《数据保护指令》,并且欧盟对该指令及时进行了补充和完善,分别于 2002 年和 2006 年颁布了该指令的补充措施。欧盟通过在成员国之间建立统一的立法和保护机制,不仅强化了各国保护个人信息的理念,也使欧盟各国的关系更加亲密,加强了欧盟各成员国之间的沟通与联系。

---

[1] ZARSKY T Z. Incompatible:The GDPR in the Age of Big Data[J]. Seton Hall Law Review, 2017(4):995−1012.

二、美国：保护隐私权，分散立法

美国是属于较早保护个人隐私的国家之一。美国对个人隐私保护的来源是羞耻本能[1]，将个人隐私看作个人的一种生理需要。美国对隐私权的保护根深蒂固，一直秉持着19世纪保护隐私的观点，即隐私权旨在免于侵犯自由的权利。隐私权在美国得到了足够的重视，美国的隐私权在宪法与其他的法律中都有体现。在美国的法律体系中，"隐私权"并没有一个完整、准确、清晰的解释，造成这一现象的原因主要是对权利绝对性的不确定，以及隐私作为人格尊严的不确定性，由此难以实现个人不受外界的干扰与侵害。美国模式下的隐私权内容相对宽泛，个人信息被作为隐私权内容来进行保护，逐步形成了自己独特的理论和保护体系。隐私权并不是一个单一的概念，在英美法律中，隐私权是公民隐私自由与个人信息的集合概念。因此，英美法律十分重视个人信息的保护，而"隐私权"又被看作个人尊严的主流。随着隐私权中的一般人格权功能的扩大，隐私权在美国被赋予了极大的开放性[2]，个人信息权也随着经济社会的不断发展受到了更高的关注和重视。为了更好地完成国家的信息工作，美国也面临着在信息收集中对公民个人信息权的冲击。当前仍有很多人会雇用专门的组织机构控制自己及他人的隐私[3]，这就代表着，每一个专门管理隐私的机构或者组织，在为个人隐私权服务的同时不得不放弃个人隐私中隐私性较低的权利来换取私密性更高的个人隐私保护。

与欧盟不同，美国更加重视发挥信息的流通价值。基于个人自由角度

[1] SCHWARTZ P M. Property.Privacy and Personal Data[J].Harvard Law Review, 2004,117:2056−2128.

[2] MOSHELL R.The Outlook for a Self−Regulatory United States Amidst a Global Trend toward Comprehensive Data Protection[J].Texas Tech Law Review, 2005.

[3] LANDAU S. Control Use of Data to Protect Privacy[J]. Science, 2015, 347(6221):504−506.

进行考量，更多是为了防止被政府与其他公权妨碍个人自由利益，追求个人的自由价值，充分尊重个人的隐私和自由[1]，为了实现更大的经济价值，以这种方式来维护个人信息，无疑是最佳的选择。美国的立法使公民的个人隐私得到了足够的保障，可以防止公共生活或者社会的影响来打扰个人的独处权利，个人可以根据自己的意志来选择自由而真实的生活，不被他人打扰和支配。美国的隐私权保护模式不仅促成了个人对自由价值的追求，还在某种程度上促进了社会的稳定与发展。但美国对信息的保护并没有体现信息主体的地位，不过，美国政府为了更好地应对个人信息保护的问题，也逐步赋予了信息主体较高的法律地位，尤其是赋予了个人敏感信息和弱势群体更高的法律地位。很多美国人也视个人隐私权为一种人身合法权利[2]，但这种权利并没有得到应有的保护，只有当信息主体的隐私受到极其严重的侵害时，个人隐私权才可能被视为个人的基本权利。从大陆法系的发展过程来看，隐私权并不是属于其法系中当然存在的权利，大陆法系的诸多国家对隐私权的保护大多是借鉴美国的经验。

美国的相关制度设计中同样体现了保护个人信息的理念。首先，美国从立法上单独将个人隐私权列出作为个人信息保护的基础之一，同时采取了分散立法和分门别类的方式。分散立法模式的主要特征是细腻和灵活，这样可以极大地避免因为立法权的过于庞大，从而对政府行为过多干预的现象，这样对统一立法容易出现的一刀切弊端有较好的消除作用，对政府的行政业务不会造成太大影响。其次，在个人信息保护上，美国联邦政府主张自律的模式。美国是一个讲求信息自由的国家，对个人信息处理主要采取的模式是信息利用者依照自身所在行业（领域）制定相应行业规范，

---

[1]　Paul M Schwartz.Property, Privacy and Personal Data[J].Harvard Law Review, 2004,117:2056-2128.

[2]　SOLOVE D J, ROTENBERG M, SCHWARTZ P M. Information Privacy Law[M]. New York: Aspen Publishers, 2006.

政府对从业者行为和个人信息作出立法保护。从实践方面来看，采取的主要是依靠政府的支持引导，各领域与行业进行个人信息方面的制度与规则制定。大部分美国公民认为，对于涉及隐私权的个体，消费者应该通过个人行为进行自身合法权利的保障。同时，考虑到政府原则的有限性，政府在此方面的介入不应采取直接的方式，而应该采取协作的方式。美国的公共政策更多侧重于个人隐私权诉求的表达，以及建立统一的个人信息保护立法原则。所以，美国关于个人信息保护立法，大多数情况下被特定商业部门或特殊情形限制，这也就意味着，倘若一个企业掌握个人敏感信息时，从美国的个人信息保护法方面来看，就具有法律的特定适应性，所以也可以说美国关于个人隐私保护是建立在特定领域的市场自我规范下的复合机制。最后，美国同样针对司法救济系统进行了重塑，从而更好地实现个人信息权益的救济。因为美国采取了对隐私信息的司法救济模式，所以在最终评定哪些行为构成对隐私权的侵犯时，法院讲求规则上的变通与灵活，通常个人信息处理人的利益是被首先尊重和维护的，在法律没有做出明确禁止的情况下，利用他人信息可以在超过本人允许范围之外。

美国个人信息隐私权保护采取了分门别类的保护方法，体现在立法上就显现出立法分散的现状。与欧盟的统一立法模式相比，美国的立法并没有进行整合，同时在个人信息保护法上也没有达到统一。为了保护个人隐私不受公权侵害，美国逐步确立了公平实践原则。关于个人信息保护，采取的主要是不成文法及判例的模式，也被称作"安全港模式"——该模式以隐私权保护的现有法律为基础。与此同时，美国还重点关注个人信息保护中的行业自律，通过发挥行业的监管来建立综合的保护模式。比如说，在《儿童在线隐私保护法》《金融服务现代化法》《反垃圾邮件法》中就得到了明显体现。美国进行个人信息保护方面的规范时，通常会结合行业（领域）的特点，同时在经过法定机关依法审批后，使该行业法规具备同样的法律效力。针对行业（领域）的不同，信息主体在所遵守的行业自律规范上也采取差异化原则，和本行业自律规范相符，其行为是合法的。美国还构建了发达的司法救济系统，在督促机构守法及规范个人信息处理方面发挥了重要的作用。

三、日本：保障个人权利，信息保护"五联法"

日本在欧盟个人信息保护相关法律的基础上，结合本国实际情况，制定了具有本国特色的法律，即对公民的个人权利实施全方位、多角度的法律保护措施，采取政府和私营企业合作的方式，对个人的财产、人格、名誉等提供法律保护。[1] 日本还借鉴了美国的经验，在个人信息保护方面更加注重特殊行业的法规、自律和接受第三方监督。

日本个人信息保护法律体系具有相对完整的框架结构，主要有四部法律，核心内容都与个人信息保护密切相关，但行为主体分别是行政机关、独立行政法人及各地方共同团体，针对各主体有具体的法律规定。其中《个人信息保护法》是一部涉及范围全面的法律。日本在个人信息保护方面没有进行公法和私法的划分，在内容上也没有采用欧盟全部受制于其法律规定的履行义务模式。《个人信息保护法》既可以被用于公司、企业等，又被可以用于个人，具有较高的普遍性与适用性。

在监管体系上，日本主要是由政府主导，配合第三方认证机构来对个人信息安全状况进行强力监管。对个人信息的监管，日本采取了行政申告制度。在该制度的规范下，行政机关在从事个人信息的处理活动时需要向总务大臣提供申请才能施行，但若处理的是独立行政法人或者非公共行政部门的主体则不属于申告的范畴。日本还采取了广泛、深入的技术评估认证措施，对网络个人信息安全状况进行第三方监管。除此之外，日本针对企业的个人信息保护管理体系作出了专门的规定，并采取评估的方式检验其带来的效果。

---

[1]　Act on the Protection of Personal Information (Act No.57 of 2003).

四、韩国：保护信息自决权，二元化立法

在韩国有关个人信息保护的立法程序中，将"个人信息"作为核心内容，继承并发展了欧盟提出的"个人信息自决权"的思想，主要内容是将个人信息的分配权和控制权交到信息主体的手中，充分保障信息主体的基本权利。在保护内容上，韩国确立了严格的个人信息保护原则，规定了明确的授权范围和广泛的告知义务，从欧盟的个人信息保护立法中挖掘有用观点，制定了有关信息处理的方案，加强对个人的信息安全保护，明确信息控制者的具体任务和应承担的责任。

在立法体系上，为了应对对个人信息的滥用，韩国政府结合本国的具体实际情况，构建了相对完整和全面的法律框架，其中占重要地位的法律是《个人信息保护法》，围绕这一法律制定了其他补充法，确保该法律框架涵盖个人信息保护的所有内容。除此之外，韩国政府针对相关部门（机构）及私营企业制定了专属个人信息保护法，力求使其成为全亚洲最全面、最严格的保护制度，为其他国家和地区提供典范。明确个人信息的控制者在对个人信息进行处理时要符合实际要求，包括对信息的收集、运用等，不能仅凭控制者的主观意识操作。在新技术背景下，面对个人信息的爆发式收集与使用，韩国不但没有放松个人信息保护的标准，反而有进一步严格的趋势。

五、小 结

对全球个人信息保护立法模式进行归纳整理，可以发现其主要有两种类型：第一种是把人格尊严作为关键内容，具有代表性的是欧盟，其在法律中明确规定个人信息是个人信息保护的核心内容，主要由信息自决权和一般人格权构成，法律应当具有适用性和普遍性，既可以约束政府部门的行为，又可以规范私营企业的经营；第二种是将隐私权作为关键内容，强调政府和企业应建立良好的合作关系。具有代表性的是美国和英国，把个

人隐私权放在较高的地位，认为其是宪法权利的前提条件，针对政府及公共领域和不同的商业领域，形成了分门别类的法律保护规范。

反观美国，在保护模式和保护理念上与欧盟存在很大的不同。究其背后的原因，除了二者的法律体系存在不同之外，历史和文化因素也有很大的影响：从思想传统来看，美国和欧洲对隐私的理解存在差异，这也导致其在进行信息保护工作时所选取的手段或方式不同。[1]欧洲认为隐私是人格尊严的保证，让隐私不被暴露在公众视野中可以避免出现侮辱、谩骂等情况，因此维护隐私也就是在维护人格尊严。美国是提倡自由的国家，因此美国公民拥有自由的隐私，这是美国公民正常行使个人隐私的权利。从历史渊源来看，欧洲人将发生过的与收集个人信息有关的基本权利牢记在脑海中，认为个人信息的收集不能是随意的，应该制定某些特定的规则或要求，从而保障个人的权利和自由不会受到影响。美国倡导言论自由，在法律中明确指出言论自由的地位应当高于隐私保护，这样才能真正体现美国自由至上的理念。通过分析域外个人信息保护的经验，各个国家和地区及国际组织虽然对个人信息采取了不同的保护路径和模式，但是我国可以从理论和实践两方面掌握有关个人信息立法的可取之处并加以运用。我国个人信息的保护起步较晚，而且在理论研究方面呈现诸多不足，个人信息保护主要集中在公法领域，私法保护及跨国流通方面的研究还较为薄弱，这些都是我们在研究我国个人信息保护中亟待解决的问题，也是在域外借鉴中所需要完善的问题。[2]

卢梭认为国家的发展会经历两个阶段：一是众意社会，即认可个体存在多元性，并且采取相应的措施保护其基本利益；二是公意社会，即将公

---

[1]　WHITMAN J Q. The Two Western Cultures of Privacy:Dignity Versus Liberty[J]. The Yale Law Journal, 2003,113(6):1151−1221.

[2]　张新宝.我国个人信息保护法立法主要矛盾研讨 [J].吉林大学社会科学学报，2018,58(5):45−56+204−205.

共利益和道德有机结合。从比较法维度分析,在个人信息保护的价值导向上,欧洲政府和美国政府在基本价值维度选择上存在很大差异。欧洲和美国是截然不同的,欧洲侧重保护个人信息,在他们看来,信息的公开与否是个人权利问题;美国则更注重信息的传递,强调保护信息的自由流通。基于保护理念的不同,美国和欧盟在个人信息保护上采取了不同的路径,同时产生了很多分歧。欧盟通过统一立法,要求各个成员国对国内数据实施立法保护,建立一套数据保护标准,如果欧盟成员国以外的国家数据保护标准低于欧盟建立的标准,那么欧盟委员会有权阻止成员国进行个人数据传递。欧盟数据保护机制建立完成后,除美国以外的许多国家为了能够得到欧盟的肯定,实现个人数据的长期稳定流通,这些国家便在国内建立了一套与欧盟标准齐平的个人数据保护机制,具体措施表现为本国或本地区最高数据保护机构建立一套信息保护法。正是在这一背景下,欧洲的个人信息保护模式成为全世界个人数据保护的首选模式。不过,即使欧洲模式席卷全球,美国政府也不为所动,拒绝采用这一模式,这令美国境内一些想要得到个人数据保护的人大失所望。当然美国也建立了一定的数据保护机制,只是远远达不到欧盟的标准。因此在欧盟与美国进行商业合作时便产生了分歧,欧盟希望美国能够提高个人数据的保护标准,而美国坚持认为自己目前实行的保护模式没有问题,最终经过多次协商,双方均有所让步,规定只有加入了安全港协议组织的保护机制才被欧盟认可。

法学社会家一般主张从历史的角度来设身处地考虑该制度是否合理。在看待这些制度时应当以当前的法律基础为前提,同时从学术及政治的角度对那些具体法律制度进行批判。要明确每一项制度是在何种语境下形成的,这些语境是否对制度的建立起到决定或制约作用,现行的法律和规则完全可以被认为是为解决社会普遍存在的问题、维持一个稳定社会状态而形成的一系列制约条件。国际规则向来是被各国所借鉴的,但由于信息自由与维护个人人格利益之间存在不可化解的矛盾,所以立法者和裁判者在遵循这些规则时会陷入一个两难的境地：如果想要切实保护他人的人格利益，则无法满足信息被任意处理的要求；如果实行信息的自由化处理和收集，则无法保护信息人的人格权益。但我们需要认可的是，信息自由流通和人格权益保护理论都有其存在的道理，欧盟主导的信息严格保护机制与美国政府倡导的促进信息自由流通也都存在合理性。但是，最为恰当的是将二者中和，一味肯定个人的人格利益而忽视其财产价值是不符合信息全球化的潮流的，对企业的做大做强也极为不利；若一味地任由信息流通，丝毫不加干涉，则可能导致有些企业铤而走险，采用一些不合法的手段来规避信息保护政策，这样一来人们便无人格尊严可言。

第二节　"个人信息权"的权利内涵

法益抑或权利的争论导致了立法举棋不定。我国《民法典》对个人信息只是做了确权性规定，并未明晰其法律属性及其内涵和外延。[1]《个人信息保护法》结束了我国保护个人信息规范零散保护之态，但该法公法管制色彩浓厚，未将遗留问题予以解决。[2]个人信息保护中的权属定位与利益衡平是信息保护制度构建中的两个重要维度，需在当前立法和实践背景下重新审视和塑造。如何界分个人信息与隐私，处理好信息自决权与信息流通之间的关系，协调好个人信息权利人与使用人、控制人及国家之间的

---

[1]　我国《民法典》明确了自然人个人信息受法律保护，首次将其纳入民法保护范畴，并透露出个人信息安全不受他人非法侵犯的要旨。但《民法典》并没有明确个人信息的内涵及边界，也没有明确其保护路径。

[2]　《个人信息保护法》规定了个人信息处理规则、信息主体的权利义务关系及公权机关的管理职能等问题，对个人信息的权利属性及权利边界问题并没有给予明确回应。

利益关系是个人信息保护必须回答的问题。本节将从个人信息本体问题入手，在肯定个人信息具体人格权属性基础上，明确其权利内容和边界，分析个人信息保护中的价值冲突，利用利益衡量思路来平衡各方利益，进而明晰对个人信息权的合理限制。

一、个人信息权属理论争议及反思

对个人信息科学定性不仅是实践中个人信息保护的迫切需求，也是个人信息立法的重要理论基础。个人信息的权利属性在立法中一直没有达成共识，《民法典》人格权编中规定了个人信息受法律保护，并且将其与隐私权并列。《个人信息保护法》并未将个人信息定义为一种"个人信息权"，也未采用"个人信息权"的表述。当前，我国学术界对个人信息权利属性没有形成统一认知，下面介绍几种个人信息权属性的理论与反思。

（一）隐私权理论及反思

隐私权理论源于美国。美国早在 1974 年便出台了《隐私权法》，美国有关个人信息保护的法律条文为其他国家和地区提供了借鉴模型。隐私权理论认为个人信息的本质是隐私，隐私权中包含个人信息的所有内容。[1] 该理论认为隐私权理论发生了重大变化，从最初的单纯防御开始向积极控制方向转变，权利人享有对隐私的分配和处置等所有权利。比如，日本对隐私权界定也发生了转变，认为隐私权重点在于对信息的支配。[2] 虽然个人信息与隐私权二者不能够相互包含，但是二者存在某种联系。第一，二者都与自然人有密切的联系，属于自然人基于其人格而享有的权利，它们所昭示的是自然人最基本的人格性利益，体现的是权利人对个人领域和生活的控制和支配；第二，二者确实在内涵和外延上具有重叠的内容。一般

---

[1] 马特. 个人资料保护之辩 [J]. 苏州大学学报（哲学社会科学版),2012,33(6):76–84.

[2] 谢青. 日本的个人信息保护法制及启示 [J]. 政治与法律,2006(6):152–157.

而言，权利主体一般不情愿将自己较为私密的信息提供给别人，这些信息都可以称为自然人的隐私。除此之外，很多个人信息侵权离不开传播或泄露自然人的个人信息，这就和隐私权侵权比较相似。

从我国当前司法实践需求上来看，在《民法典》出台前我国缺乏明确的个人信息保护规范，在这种情况下人们要维护自己的个人信息权益往往倾向于利用隐私的保护模式。但并不是所有个人信息都能为隐私权所包含，这种情形在司法实践中也有所体现。相较于隐私权所注重的信息私密性，个人信息最根本的特征是识别能度。如果自然人隐私被泄露了，那么就会丧失私密性，但这并不意味着识别能度也丧失。隐私权客体说有其深刻的社会背景，其与大陆法系保护模式相比有着很大不同，因此并不适用于大陆法系，英美法系则强调隐私权属于人格完整的重要组成部分。从人格权理论这一点上来看，英美法系隐私权倒是与大陆法系有着异曲同工之处。正如前面所说，大陆法系中隐私权只是人格利益中的一小部分，因此不能适用于我国的保护体系。

（二）财产权理论及反思

随着个人信息财产价值的凸显，我国有些学者不再局限于人格权理论，且进一步尝试把财产权理论用于解决个人信息保护问题上。早在 20 世纪 60 年代，个人信息财产权理论就已发展起来，有不少学者倡导在个人信息保护中运用财产权理论，并在此基础上制定相应规则。应当承认，个人信息也不失为一种财产利益，利用市场机制来保护个人信息也会起到一定效用。就目前而言，我国已经有较大一部分学者开始表示支持个人信息财产权，很多提倡财产权客体说的学者主张将个人信息归纳为一种财产性权利，具体包括个人对自身信息的占有、使用及收益与处分的权利，应当利用财产性权利来保护个人信息。也可以认为当企业在利用个人信息时，企业对信息的重视和利用也是基于其所具有的财产性利益。[1] 上述观点的基础是从财产权角度入手，利用财产权的相关权利使信息价值不受侵害。

商业领域之所以会通过多重手段收集个人信息，是因为个人信息能够为企业带来经济利益。所有权客体认为既然可以以财产角度为切入点进行信息价值的维护，就可以把个人信息的本质定义为财产利益。波斯纳的隐私经济学理论正是这一主张的突出代表。在波斯纳看来，任何人的身上都有信息，于自己无用的信息可能于他人而言是有用的，因此对方会通过金钱交易来换取有用的信息，由于信息主体享有对信息的支配权，可以根据自身意愿选择是否就信息形成交易关系。不可否认，随着信息技术的快速发展，信息的收集和利用方式也逐渐多样化，个人信息权所包含的内容也在不断扩张[2]，对个人信息保护的深度也在不断增加。在目前已经建立的个人信息数据库中，借助互联网技术的帮助，从中发现了一大批具有价值的信息，并对其进行处理，使其为信息主客体带来较为可观的经济收益，这种现象还在不断出现。在大数据时代下，对个人信息的掌握数量越多，就能获取越多的经济利益，因为这代表着拥有较高的个人信息处理技术，在此基础上创造出消费热点为自己赢得利润。

个人信息涵盖范围十分广泛，既有人格尊严，又有财产利益，其中数字经济最具有代表性。[3] 个人信息蕴藏的价值推动了信息收集者的出现[4]，信息收集者的主要工作便是利用各种手段和方法，通过各个渠道获取和收集信息，然后将收集到的信息以高价卖出。鉴于上述现象出现，越

[1] 刘德良.个人信息法律保护的正确观念和做法[J].中国信息安全,2013(2):47-49.

[2] 周汉华.探索激励相容的个人数据治理之道：中国个人信息保护法的立法方向[J].法学研究,2018,40(2):3-23.

[3] 龙卫球,刘宝玉.中华人民共和国民法总则释义与适用指导[M].北京：中国法制出版社,2017:404.

[4] 刘德良.个人信息的财产权保护[J].法学研究,2007(3):80-91.

来越多的人开始重视个人信息财产利益并呼吁对其给予特殊保护。但个人信息财产权理论并不高明，原因有三：第一，个人信息所维护的是信息主体的人格利益。[1]若是强行把信息主体的个人信息财产化，会使主体地位受到威胁，其基本人权也无法得到应有的保障。第二，从财产角度对个人信息进行保护，容易导致个人信息无法发挥自身的作用，即无法通过信息传递或交流来带动社会各主体之间的交往，在个人信息处理的各环节也会出现问题。第三，若将个人信息财产化，一定会造成经济成本的上涨，成本上涨带来的影响不容忽视。从实际来看，财产权理论并没有得到学术界一致的认可，原因在于从实践获得的效果来看并不乐观，因此目前并不适合将个人信息财产化。从长远角度来看，财产权理论确实有可取之处，符合大数据时代的发展趋势，但就目前具体情况而言，该理论存在明显不足，它所构建的目标在短期内是没有办法实现的，信息主体合法权益和个人信息利用之间还处于不平衡状态。

（三）一般人格权理论及反思

哈耶克曾经将法律价值细分为两种，即目的价值与工具价值。在他看来，工具价值应当是从属于目的价值的，所以一旦这两种价值之间产生了不可避免的冲突时，工具价值应当予以让步。人之所以能与其他动物区别开来，其根本在于人是有独立的人格尊严的，而人格尊严是一个自然人生存的必然前提条件之一。目前大多数的学者认为信息自由是与社会的民主政治相关联的，这样一来信息自由就被划分到了工具价值一类。但从目前的国际立法及主要国家的法律条文来看，个人信息的保护往往会涉及信息主体的人格尊严的一般性条款，个人信息的保护是一个自然人应当享有的最基础的也是最重要的人格尊严方面的保护。人的尊严在各国都被看作一项基本人权，所以在个人信息保护上各国也持有相同的理念，即保护个人

---

[1]　周汉华.探索激励相容的个人数据治理之道：中国个人信息保护法的立法方向[J].法学研究,2018,40(2):3-23.

信息就是尊重了一个自然人的人权。虽然一味用人格尊严来解释是没有任何意义的，但我们只能通过法律来判定社会共同意识究竟是什么。因此，世界上绝大部分国家和地区在立法时就明确将人格尊严作为最基本的、最优先考虑和保护的权益。例如，欧盟在立法中有明确的规定，当要收集或处理某人的个人信息时，收集与处理方应当事先征得信息人的同意，并且应将这些信息严格按照规定使用，不得随意滥用他人信息，做出有违常规的事情。法国的《人权宣言》里有一段话表明，自由应当是在不侵犯他人权利基础上实现的，这一思想后来被欧洲多个国家奉为立法和国家管理的基本准则，自然人的行为自由要受到应有的保护，也要以不损害他人的人格尊严权为前提。

德国曾经受美国的影响，强调保护个人信息的流通价值，但逐渐发现美国的理论终究与自身不甚匹配，所以在后面的修订中便慢慢放弃了从美国借鉴的理论，转而建立了一套符合自身实际情况的较为完善、合理的信息保护理论。针对个人数据提供保护措施是为了保证个人的基本权利和自由不被侵犯，其真正意义在于维护人的人格尊严。以大陆法系人格权理论为依据，指出对人格权客体的界定，即任何事情涉及人格，便都属于人格权客体的范畴。站在价值位阶和价值排序层面来看待这个观点，人格尊严的地位应该明显高于信息自由。在众多专家学者的眼中，实现和维持效率的基础是公平和正义，若存在不公平现象或者缺乏正义，效率便无法实现，因此制度设计者要将公平和正义摆在首要位置。根据上述分析可以得出，人格尊严确实是个人信息价值维度中必不可少的元素，而且人格尊严的保护是实现信息流通的前提和基础。立法者在制定规则时不能偏废，要着重强调人格尊严的地位和价值，但不能进入绕不出的牢笼中。要做好人格尊严与信息流通价值位阶的安排，而不是将财产利益湮没在人格尊严的背影下，由此才能建立良好的合作关系。

法的价值目标体系规定，信息自由让公众身处信息时代可以自由地表达自己的观点看法，一定程度上可以推动社会经济向前发展。一般人格权的范围较为宽泛，其中包含了许多与人格尊严相关的利益。[1] 我国宪法明文规定了禁止任何人以任何方式侵害公民的人格尊严。信息权人的人格尊严不应遭到侮辱、损害等，其他主体要尊重和维护其人格，对个人信息的处理要遵循基本的标准和要求，确保各主体都能处于平等地位。但一般人格权的保护方式既不能满足信息全面保护的需求，也无法实现体系上的完整和自洽。一般人格权旨在强调人的尊严不应受到侵害或侮辱，如果法律所保护的利益被放入现实环境中，在其重要性不会发生改变的情况，可以通过立法或其他手段使其具有法律效力，使该利益转变为权利。

从人格尊严保护的发展沿革来看，法律为了保护某些具备特殊保护必要的个人尊严内容，如个人声誉、肖像等，作出了明确的规定，主张通过展示生命权、荣誉权、健康权的方法对以上内容进行保护。对个人信息的处理方式会在一定程度上影响信息主体人格权的发展，若处理不当，则会损害主体人格权的利益。民法学界的学者现在已经普遍使用民法的一般人格权来维持和保护宪法的基本权利，从我国目前的法律体系中对人格权的理论解释来看，只要是与人格的形成或发展相关的事情都属于人格权的一部分，因此个人信息也可以被认定为是人格权益的一项重要组成部分。与具体人格权相比，一般人格权在具体化上面远不能及具体人格权，但是一般人格权也不可或缺。[2] 个人信息中蕴藏着两种利益，其利益的主要归属者都是自然人，一种是人格利益，还有一种是财产利益，两种利益都应得到应有的保护。个人信息的人格利益依附于自然人，其所产生的价值带来的经济收益也归信息主体所有。一般人格权无法为个人信息提供全面且有保障的保护，其保护范围也不明确，模糊意义上的保护不能提供明确指引，

[1]　王利明.民法典：人格权重大疑难问题研究 [M].北京：法律出版社,2019:192.

[2]　张红.论一般人格权作为基本权利之保护手段：以对"齐玉苓案"的再检讨为中心 [J].法商研究,2009,26(4):48-56.

这就容易导致司法裁判的不明确性。因此，利用一般人格权保护模式来对个人信息进行规制，会导致个人信息的内涵变得更加抽象，并表现出不确定性表征。

从法律层面解释个人信息的本质一直存在争议。例如，有学者认为其属于宪法范畴，这个观点在论证上有一定的合理性。这些学者在某种程度上肯定了个人信息所具有的价值，并且大多数人认为应当从人格权角度来对个人信息进行保护，只是保护的路径大相径庭。但这些学者并没有认识到个人信息在大数据时代的特殊意义，单个的信息或者少量的数据组合并不是我们研究个人信息的目的，研究的真正意义在于如何更好地避免个人信息遭到泄露。由于对是否规定"个人信息权"的问题，一直都没有得到一致的答案，在理论和实践方面都有人提出问题，即自然人所拥有的对个人信息全部权益的掌控权是否会产生弊端，应当如何分配自然人的权利等。这些问题若得不到解决，便会使信息泄露的可能性增大，阻碍数字经济和数字化时代的发展。

二、"个人信息权"的权利证成

法律是解决利益纠纷最有效的手段之一，它主要通过清晰界定利益边界来处理纠纷。[1] 个人信息所包含的内容较多，是个概括性定义，不仅包含个人隐私信息，还包含与主体有关的其他信息。[2] 究竟怎样界定，首先需要界定个人信息的权利属性，对其科学定性不仅是立法保护重要的理论基础，也是实践中的迫切需求。具体人格权说认为个人信息权是一个符合大数据时代要求的概念，具有独特性和不可取代性，应将个人信息作为一项具体人格权且受人格权法保护。有学者持这样的观点，即应单独颁布一

---

[1]　张文显. 法理学 [M]. 北京：高等教育出版社 ,2011:405.

[2]　梅夏英. 数据的法律属性及其民法定位 [J]. 中国社会科学 ,2016(9):164-183+209.

项个人信息权法，使其从人格权法中分离出来，和姓名权法、隐私权法处于同一级别，都归属于具体人格权。其实，个人信息不等同于隐私权，前者的概念范畴远大于后者，二者既有相同之处，又有不同之处。大部分学者的观点是，收集他人信息、使用他人信息过程中涉及当事人的人格尊严问题，为了更好地保护个人信息，可以将其归入人格权。具体人格权将个人信息界定为其附属概念，将其从隐私权中分离出来，二者是不对等且差异显著的。目前，大部分具体人格权被商人利用以谋取利益，权利人通过此途径也获得了部分利益[1]，这充分体现了人格权中的财产利益权，但不能单靠此类现象就认为人格权不包含个人信息权。

随着互联网的发展，人格要素逐渐作为商品出现在市场上，社会已经认可人格权具有财产性和精神性。通常来讲，民法对保护概念的解释更通俗易懂，对于和公民人身利益最相关的权利，可将其加入基本权利序列中。[2]将个人信息归于具体人格权保护客体具有一定的正当性。

从权利体系角度出发，为了更好地保护个人信息可以将其归类于具体人格权范畴。大数据时代背景下，将个人信息归于人格权保护的范畴是为了更好地保护个人信息。[3]从具体人格权的确立过程来看，对某种有着特殊价值的利益予以保护的最好方式就是将其确立为一种具体的权利[4]，然后通过规则的设定来明确其内涵和要素，使其明确和具体——这不仅有利

---

[1]　齐爱民，盘佳.数据权、数据主权的确立与大数据保护的基本原则 [J].苏州大学学报(哲学社会科学版),2015,36(1):64-70+191.

[2]　张红.一项新的宪法上基本权利：人格权 [J].法商研究,2012,29(1):38-42.

[3]　张里安，韩旭至.大数据时代下个人信息权的私法属性 [J].法学论坛,2016,31(3):119-129.

[4]　德国在《联邦档案保护法》等立法中所赋予个人的同意权、知悉权、消除权等个人信息权利，就是一般人格权在法律中的具体化的表现.卡尔·拉伦茨.德国民法通论 [M].王晓晔，等译.北京：法律出版社，2003:171.

于完善和丰富具体人格权的权利体系[1]，还能从法律层面为其提供保护。法律保护个人信息不受侵犯不仅是基于其所具有的人格利益，也是基于个人信息面临诸多风险的考量，将其归于具体人格权后能凸显对人格特征的尊重。

从法益保护角度来看，个人信息是独立自主的，且不同于其他权益。个人信息权是独立的人格权，主体可以随意使用、支配其信息。但一种利益是否能够得到民法的认可与保护还必须满足两个条件：一是此权利所保护的各项利益是独立自主的。比如健康和生命都是民事权利且其保护独立的人格利益。姓名权、安全权、自由权所保护的姓名利益、安全利益和自由利益，都是独立的人格利益。二是明确界定权利所保护的民事利益。[2]个人信息自始至终都在强调可识别性。可识别性是一个概括性概念，包含的东西较多，也就是说某项信息和个人的身份或人格有关联时，即便此种关联很小，而且指向并不明确，我们也可以笼统地将其视为具有身份识别特性。通过个人身份信息识别本体，其将自然人进行数据化，记录人在社会生活中的各种轨迹，这是极具指向性的，通过此信息可以大概了解主体并识别出自然人，我们可以将个人信息视为主体的外在人格。社会在不断进步，技术也在不断革新，商务智能分析实现从有无到有质的跨越，将其用于信息利用，帮助分析消费者的消费习惯与商品喜好。此举不仅能进一步帮助商家迎合消费者来更新产品，提高商家的销售额，而且能拉近消费者和商家的关系，使二者直接形成良好的互动关系。所以，我国必须明确界定何为隐私信息和何为身份信息，因为二者是彼此独立存在的，不可混为一谈。

从保护效果来看，权利保障个人自由[3]，精神自由是精神性人格权的

---

[1]　王利明.论个人信息权在人格权法中的地位 [J].苏州大学学报 (哲学社会科学版),2012,33(6):68-75+199-200.

[2]　同 [1].

[3]　王利明.人格权：从消极保护到积极确权 [J].甘肃社会科学 ,2018(1):40-46.

客体。在被大众认可的情况下可以将其视为另一类具体人格权。[1] 个人信息可以作为一个载体来凸显信息利益和信息自由，个人信息权不仅保护主体的信息不被侵犯，而且能充分保障信息的自由性，也就是保护精神自由。权利保护不同于法益保护，二者在保护当事人方面采取截然不同的保护模式。传统观点认为个人信息亦属于隐私权的保护范畴，因为没有独立的个人信息权，所以个人身份信息等相关信息都属于个人隐私，并受其权利保护。当前社会中充斥着各种个人信息和各种数据，公众亟须保护其个人信息，自从互联网问世后信息技术飞速发展，信息在当前社会扮演着非常重要的角色，在推动产业发展和社会进步方面发挥了很重要的作用。随之而来的是个人信息经常会受到各种恶意侵犯，尤其是在网络发达的当下，信息利用者想要获取公民个人信息且进行处理并不困难。在现今社会，隐私权俨然不再适用，因为可识别个人身份的信息需要被保护，且迫在眉睫，隐私权的保护作用比较小也不够全面，这就需要做出修改。隐私权是通过侵权人向信息主体支付精神损害费的方式来进行隐私保护的，个人信息权除了使用上述保护方式外，还应加上财产损失；尤其是现在的各种骗局层出不穷，网贷、裸贷、网络诈骗等愈演愈烈，个人身份信息被泄露的越来越多，流传的范围也越来越广，所以需要用个人信息权来对个人信息进行重点保护，而不能单纯靠隐私权来保护。显然，将个人信息看作一项民事权利，并对此进行保护，所起到的保护作用远远大于隐私权对个人信息的保护作用。

三、"个人信息权"的权能架构

传统数据时代的信息保护规则已然不能适应当前的发展需要，个人信息具有与新数据时代相适应的独特权能，其范围和内容无法被其他权利替代。[2] 个人信息权在制定时理应明确规定其保护内容、通过何种方式发挥

---

[1]　方新军. 权利客体的概念及层次 [J]. 法学研究, 2010,32(2):36-58.

[2]　王利明. 论个人信息权在人格权法中的地位 [J]. 苏州大学学报 (哲学社会科学版),2012,33(6):68-75+199-200.

作用，因为权利和权益是通过不同方式来发挥作用的，明确个人信息权是权利还是权益，若是权利，其最高权限是什么？个人信息权内容需要从两个方面理解：一方面，个人信息权应当分为两部分内容，即信息自由支配权和侵害诉讼权；另一方面，权利主体对客体具有绝对的支配权和处置权，即自然人在处置个人信息时是自由的，他人未经自然人同意而擅自使用或转卖其信息都是违法的。

从个人信息本身的内涵角度分析，个人信息权具有自身的独特内涵，在权利内容和权能架构上具有作为具体人格权的理论基础。[1] 隐私权和个人信息权采取同样的方式来保护信息，即权利方式，目前并未有使用法益方法对其进行保护的规定。《民法典》提到个人信息依法享有法律保护，但并未讲明用何种方法来对其进行保护。人格权体系随着社会的发展不断被重新定义，其在不同时代背景下有不同的内涵。[2] 若要从法律、社会两个方面来完全保护个人信息，就必须满足个人信息权这一前提。可从下述四个方面来理解个人信息权。

第一，个人信息权是具体人格权，也是一项民事权利，并可将其视为独立的人格要素，具有独立性，不属于隐私利益亦不属于信息法益。个人信息和一般人格权、其他具体人格权的客体大不相同，亦不能笼统地将其视为隐私权范畴。[3]

第二，个人信息不等同于个人身份信息，后者涵盖的信息范围较小，主要内容是个人的隐私信息，当个人身份信息独立存在而不再属于隐私权保护范畴后，应将其作为权利客体，形成独立的用来保护身份信息的个人信息权。

---

[1] 王利明 . 论个人信息权在人格权法中的地位 [J]. 苏州大学学报 (哲学社会科学版),2012,33(6):68-75+199-200.

[2] 张红 . 一项新的宪法上基本权利：人格权 [J]. 法商研究 ,2012,29(1):38-42.

[3] 张里安 , 韩旭至 . 大数据时代下个人信息权的私法属性 [J]. 法学论坛 ,2016,31(3):119-129.

第三，个人信息权的权利主体只能是个人，不能是与其相关的法人，甚至是其他人，其主要原因为，法人是需要将其大部分信息放至公共平台的，供社会其他人查阅、搜索，尤其是上市公司的法人必须依法公开其个人身份信息，因公司机密采取商业秘密保护规则的可以不予公开。

第四，个人信息权的权利基础是个人自主决定权，即自然人有权按自己的想法、心情任意占用和处置自己的个人信息，他人无权进行干涉，盗用或转卖的行为都是违法的，侵害了主体的个人信息权。所以，个人信息权是一项信息主体拥有的绝对权。自然人的人格和其个人信息是息息相关、不可分割的[1]，个人信息本身所具有的人身识别功能和特殊权利内涵使其具备了塑造为具体人格权的基础。

个人信息权一词最早出现在德国，德国人将其理解为"自然人遵守法律来使用、处置自己的个人信息且在本人同意的情况下他人也可以使用的权利"。个人信息自决权是为了给予自然人最大的信息权利以对抗他人收集、征用、转卖个人信息的行为。信息自决权保证了信息主体对其信息拥有自由处理、使用和绝对控制的权利，同时保护了人格利益，该权利具体表现为：信息主体允许其他人使用、收集或交易。个人信息自决权原则如下：当权利人可以依法对信息处理者行使更正权、删除副本权、禁止转卖权交易权等，信息收集者在使用收集到的信息时，应提前向信息主体讲明信息的用途，而不被主体允许的使用范围应尊重主体的意见，若强行使用则损害了自然人的信息自决权。信息自决权理论在欧洲大陆信息保护中扮演着重要角色，在我国亦得到了充分尊重。欧洲律师们一致认为只要涉及个人姓名、学历、工作、住址等个人其他信息都属隐私权范畴，而我国立法部门的观点是最大限度保证自然人对个人信息有自由使用、处置的权利，这就是对个人信息的最好保护方式。

---

[1]　齐爱民.论个人信息的法律属性与构成要素[J].情报理论与实践,2009,32(10): 26-29.

进入大数据时代以来，数据存储和处理方式产生了极大变化。[1]1970年起，国际上开始有个人信息保护有关的判例和理论，当时的科技落后，信息收集方式主要是自然人向收集者提供自己愿意透露的个人信息，收集者将其制作成电子文件储存起来，这种方式收集到的信息有限，通常只是小范围进行，而且强调信息主体对个人信息的绝对控制权与支配。[2]但原有的个人数据保护理论与21世纪法律所规定的个人信息范畴和概念相悖，当前个人信息的利用往往会导致自然人个人信息的公开化越来越严重。随着社会对个人信息利用的需要，信息权人的这种自我控制与个人信息的合理使用之间的冲突也逐渐加剧，这个问题一直深深困扰着世界各国的学者、司法人员。

从我国来看，信息自决权在使用过程中和其理论有许多不相符之处。

第一，信息自决权理论和信息本身所具有的流通价值相悖。信息自决权强调的是对个人信息的自由决定、处置权利，信息流通体现的是信息的公开性，二者的价值相矛盾。[3]个人信息与个人的关联在于识别和联系到特定个人[4]，但这种关联性与识别性并不是承认个人对个人信息绝对控制的依据。基于个人信息价值的这种复杂性，在考虑自然人对个人信息控制的同时，也要考虑其财产价值和交换必要，作为个人融入社会的媒介和他人对权利人了解的媒介，不能将个人信息划到绝对的个人控制领域范畴。在欧美国家，虽然没有明文规定自然人对个人信息是拥有绝对控制权的，但是个人信息在使用过程中极易被私法化，出现信息主体完全控制个人信

---

[1] 谢永志.个人数据保护法立法研究 [M].北京：人民法院出版社,2013:35.

[2] 高富平.个人信息保护：从个人控制到社会控制 [J].法学研究,2018,40(3):84-101.

[3] 同 [2].

[4] 王利明.论个人信息权在人格权法中的地位 [J].苏州大学学报 (哲学社会科学版),2012,33(6):68-75+199-200.

息的现象。个人信息自决的目的是维护自我信息不受他人侵害,并不是让其对个人信息拥有绝对的控制权。虽然主张者认为信息自决权是一种支配权,但它不具有绝对性,只具有相对支配性和相对控制权,不可将其过度私法化。保护绝对权并不是指信息主体随心所欲且只能由其自己控制信息的无限权利,而是要建立在一个客体之上的外在的权利,这样可以给予他人一些自由权。人类是一个离不开信息的物种,其在行动前后都需要信息来支撑,人之所以区别于其他动物,根本原因在于人是有思想的,人的思想是世界的缩影,若法律限制信息传播,则不利于人们的思想交流,妨碍社会进步和人类发展,所以如果把个人信息权定义等同于所有权,那么自然人除了支配自己的信息之外还可以指挥、掌控他人的行为。

第二,信息自决权极易造成个人控制权的滥用。通过查阅、收集他国的成果和实际案例可知,超过 90% 的国家明文规定个人信息流动是信息的最高价值,在保护个人信息权的同时进行信息流动。在现实生活中,大家都默认的行事原则是法无禁止即自由,只要行为人所做事情符合法律要求,未损害他人利益,那么此事是可以不受约束进行的,所以权利人可以自由行事但其他人则要受约束。但是,信息自决权下没有凸显信息流通的重要性,只一味地强调信息保护。因为这些条例诞生于 20 世纪,当时的社会十分看重个人尊严,但目前的社会环境和信息处理基础相较于之前发生了深刻的变化。现在的信息具有公开性和社会流传性,个人信息的保护和利用不仅关系个人利益还会影响社会利益和他人利益。个人信息控制论过度强调了个人对信息的控制权,赋予个人的权利过大,使个体在使用信息时加入了很多主观因素,但社会是一个集体,里面是成千上万的自然人,人与人在沟通时无可避免地进行信息交换,所以个人信息不再是自然人的私有信息,而应有一定的社会性。因此,目前需要明确区分哪类信息是属于被保护信息、哪类信息由社会决定、哪类信息可由个人决定。[1]

---

[1] 高富平.个人信息保护:从个人控制到社会控制 [J]. 法学研究 ,2018,40(3):84-101.

第三，现实基础发生了深刻变化。在计算机刚刚问世还未被广泛应用的年代，个人信息最常见的遭到侵害的方式为自己向政府或公共部门提供的信息被不法分子盗用、售卖应用于其他地方，一定程度上损害了个人的尊严，所以当时的法律赋予其知情权和删除权，给予个人知情、访问、更正甚至删除等权利，在此基础上设立了信息控制论。目前的社会仍需要个人的基础信息，但是这些信息通常来自网络平台、移动营业厅等的实时记录，网络上有海量的个人信息，很容易收集到他人的信息，但信息主体对此一无所知，甚至不知道被谁收集及被拿去做了什么事情。由于大数据的发展，信息收集者可在收集前无须告知信息主体的信息用途，若在使用前不告知信息主体使用目的，那就违背了个人信息自主权，和自主权的初衷相悖，且数据控制人就可以不受约束、不计后果地收集使用信息，甚至违法犯罪。所以，信息通信技术目前正在逐步瓦解信息自决权，个人控制也渐渐流于表面，单单靠自己的力量已无法守护个人尊严，如果法律再不作修改，保护个人信息要么成为纸上谈兵，要么成为大数据应用的障碍。

传统的信息自决权理论并不能满足当前信息时代数据发展的需要。当前，个人信息在一定程度上难以被个人通过技术或物理媒介进行控制，个人信息自决权规定个人可以自由控制与自己身份有关的信息，这无异于保护一种漫无边际的个人意志。从技术层面来看，传统的信息自决权注重个人对信息的控制和排他性，在某种程度上是反对他人对个人信息的利用，没有认可他人合理利用的合理性；在价值取向上，个人信息自决权所考虑的问题过于片面，忽略了社会是一个信息的社会，人的发展离不开信息的流传和公开。所以，此权利和实际生活相悖，是一个误导性的概念表述。个人信息保护区别于个人信息自决权，我们可将后者的思想看作前者的理论基础，但是我们不能将对个人信息的保护简单地理解为私权的绝对性，换言之，个人信息的保护并不是排除他人对信息的利用。目前个人信息财产价值愈加被商家重视，并逐渐商业化发展，所以可以增加一项信息报酬请求权。总的来说，可以新增以下几种权利，即报酬请求权、访问权、限制处理权、可携带权等。《民法典》中对信息主控制人的义务作出了明确规定，主要有非法收集、非法转售、非法流转、非法使用、非法更改等侵权行为。21 世纪以来，个人信息权的侵害方式层出不穷、多种多样，深深困扰着信息主体，常见的侵害个人信息权的方式有故意销毁、丢失、盗用等。因此，应当在所列举的义务类型后增加底线条款，这不仅是为了保持立法的灵活性，而且是为未来个人信息保护立法的发展提供一定的空间。

个人信息权的权能需进一步明确，不仅需要列举个人信息权的内容[1]，还需要对其进行合理的分类。从权能分类层面讲，分为积极权能、消极权能。个人信息权的积极权能主要承认的是信息主体的自我控制和决定的权利。第一，信息决定权。其所强调的是自然人可以自由决定如何处置自己的个人信息而不受他人影响。个人信息是否被收集、使用及使用目的都由信息主体决定，通过此项权能才能实现个人信息自由。第二，信息保密权。保密权是指按照法律规定或者协议规定，信息利用者有义务对信息权人的信息内容予以保密。第三，信息查询权。也就是信息知情权，顾名思义就是信息主体有权知道和其信息利用、收集有关的所有事情，如何人收集信息、何人控制信息、何人处理信息及信息用途、使用信息产生何种后果等。个人信息权的其他权能皆以查询权为前提，它在整个信息权能体系中占据关键地位，只有在保密或关系公共利益的情况下，个人才可以限制他人行使此权利。第四，可携带权。信息控制者应当根据信息主体的意愿或者要求，向其提供信息处理和使用的复件。第五，报酬请求权。报酬请求权是建立在其他权利之上的一种权能，个人信息被公司或组织利用后，信息主体有权向其索要报酬。

---

[1]　余筱兰.民法典编纂视角下信息删除权建构 [J].政治与法律,2018(4):26-37.

个人信息权的消极权能主要体现的是个人信息所具有的被动防御功能。具体包括：①信息更正权。欧盟和我国《网络信息安全法》中均对此作出了详细介绍，其定义为信息主体在得知信息控制人所公布或流传的个人信息与真实信息有误的情况下，有权要求对方对错误信息作出更正。②信息封锁权。信息封锁权是指信息处理者使用信息时超出约定范围或信息主体权益被冒犯时，权利人有权要求侵权人停止处理个人信息的行为。③信息删除权。信息删除权是指信息处理者使用信息时超出约定范围或信息主体的利益被冒犯时，后者有权要求前者停止处理此信息，且不再发布此信息。④被遗忘权。被遗忘权是指对已经没有流传意义的个人信息，信息主体有权要求信息控制者将其删除。"西班牙谷歌案"后，信息被遗忘权才被正式写入法律条文中，并引起了极大的反响。笔者认为，目前被遗忘权性质还不明确，但其目前属于个人信息权范畴。对于被遗忘权适用何种情况，法律没有作出详细介绍。相较于其他的消极权能，被遗忘权有其特殊的积极效用，被遗忘权的行使可以帮助权利人及时获得最新的认知，也可以帮助其从被侵害的后果中脱离出来，帮助其走出信息侵权的阴影，获得新的社会认可和建立新的社会形象。

四、"个人信息权"的权利外延

隐私权和个人信息权的界限深深困扰个人信息的立法和理论研究。[1]目前的社会是信息化的社会，人们对逐渐透明化产生了抗拒心理，所以隐私权就应运而生。[2]隐私权的保护模式主要见于美国，因此美国法律中的隐私权内容较为宽泛，还会随着社会的发展与进步不断更新和扩张。[3]从

---

[1] 张红.民法典之隐私权立法论 [J].社会科学家,2019(1):7-21.

[2] 王泽鉴.人格权的具体化及其保护范围.隐私权篇 (上)[J].比较法研究,2008(6):1-21.

[3] 路易斯·D.布兰代斯,等.隐私权 [M].宦盛奎,译.北京:北京大学出版社,2014:36.

美国的立法和司法实践来看，美国沿着隐私权的保护思路，将有关个人信息的内容囊括于内，并且通过立法确认来实现全方位的保护，走出了一条不同于大陆法系一般人格权的道路。[1]美国在个人信息保护领域起步较早，形成了自己独特的理论和保护体系。隐私权保护的理论基础源于人类的羞耻本能，将个人对隐私的需求看作人类的一种自然情感。美国的隐私权保护理念主要基于个人自由的角度来进行考量，更多是为了防止被政府及其他公权妨碍个人自由利益，追求个人的自由价值。美国的立法使公民的个人隐私得到了足够的保障，可以防止公共生活或者社会的影响来打扰个人的独处权利，个人可以根据自己的意志来选择自由而真实的生活，不被他人打扰和支配。美国的隐私权保护模式不仅促成了个人对自由价值的追求，还促进了其社会的稳定发展，体现的是人权保护，被认为是民主社会重要的发展标志。目前，世界各国都通过隐私权来保护个人信息。但法与法之间还有一些不同，比如美国法律赋予隐私权以部分人格权特征，不断丰富隐私权范畴。[2]

我国的隐私权保护则经历了一番曲折的历程。[3]我国对个人隐私保护发端于 20 世纪中后期，主要体现在公法领域，如宪法、行政法和刑法等领域，私法领域的保护则相对落后。直到 2009 年《中华人民共和国侵权责任法》（以下简称《侵权责任法》）才确立了隐私权，虽然没有明确隐私权的具体内涵，但明确了其受侵权的责任法保护。现在国际上不同学者

---

[1]　马特.隐私权研究：以体系构建为中心 [M]. 北京：中国人民大学出版社,2014:311.

[2]　谢远扬.信息论视角下个人信息的价值：兼对隐私权保护模式的检讨 [J]. 清华法学,2015,9(3):94-110.

[3]　《中华人民共和国民法通则》最初并未确立隐私权的民法地位，随着后续司法解释对名誉权的认可及司法实践的推动，隐私权才最终被确立。隐私的民法保护也经历了由间接保护到直接保护的转变过程。

对隐私和隐私权内容争论不一[1]，但通过我国立法演进和实践发现，个人隐私保护在我们国家逐渐受到重视，并且对其规则研究也在借鉴美国隐私权保护基础上而不断完善。隐私是人格尊严的体现。[2]我国《宪法》将个人隐私权和信息权纳入"个人自由与尊严"范畴。虽然个人信息中有部分信息属于隐私信息，但二者相比，前者所包含的信息范围更大。[3]《民法典》分别规定了个人信息和隐私权，未将二者混为一谈，在明确其内容异同的同时，也对二者的保护方式与途径作出了明确说明。通过隐私权的保护模式，必须是当个人信息受侵害的程度达到侵害隐私权的程度才能予以保护[4]，如果没有侵害到个人的隐私权则不能得到私法救济。在隐私权和个人信息权二者并存的情形下，应把前者归为消极性权利，把后者归为积极性权利。[5]

个人信息包含的内容范围远大于隐私权，二者的内容和界限是不同的。隐私权所保护的信息并不是全部的个人信息[6]，要把个人信息权从隐私权中独立出来。隐私权所保护的内容主要是个人详细资料、联系方式、家庭住址、个人行为等一些私密内容。[7]大数据时代的信息技术发展较为成熟，

---

[1]　张新宝.从隐私到个人信息：利益再衡量的理论与制度安排[J].中国法学,2015(3):38-59.

[2]　张红.《民法典各分编（草案）》人格权编评析[J].法学评论,2019,37(1):106-122.

[3]　王利明.论个人信息权的法律保护：以个人信息权与隐私权的界分为中心[J].现代法学,2013,35(4):62-72.

[4]　常健.论人格权法（编）中的个人信息权的制度完善：评《中华人民共和国民法人格权编（草案）·民法室室内稿》相关规定[J].四川大学学报（哲学社会科学版）,2018(3):32-36.

[5]　张红.民法典之隐私权立法论[J].社会科学家,2019(1):7-21.

[6]　同[1].

[7]　谢远扬.信息论视角下个人信息的价值：兼对隐私权保护模式的检讨[J].清华法学,2015,9(3):94-110.

在收集、处理个人信息方面比较容易，其在一定程度上会影响个人的权利，严重时甚至会危害个人基本权利。我国法律明确了隐私权的内涵和界限，因此，隐私权保护的客体会有部分和个人信息保护的客体重复，但不完全相等。[1] 隐私权内容范围一直处于不断发展中，最初立法时，隐私权属于名誉权范畴，后来将其拓展为对人格的保护，最后将其定位为具体人格权，其经历了漫长的发展过程。《中华人民共和国民法通则》（以下简称《民法通则》）是最早的人格权法案，其中采取先定义后举例的方式进行立法，从《民法通则》中其他多项权益，如人身自由权、肖像权、健康权、荣誉权等，到《民法典》定义的具体人格权，与其他的具体人格权相比较，隐私权具有其特殊的保护内容，也具有对其单独保护的必要性，隐私权侧重保护自然人有关隐私内容的人格利益。[2] 根据我国法律，个人信息权是一项新型人格权益，它从多个方面区别于隐私权，如性质、所含内容、处理方式、保护方式及适用范围等。[3] 分析二者的不同之处，正确、合理地区分个人信息权与隐私权，并对其设置相应的保护机制，对立法者来说是巨大的挑战。

从权利概念层面出发，隐私权所包含的内容不足以涵盖所有的个人信息内容。就隐私权内容来讲，个人信息保护范围较广，仅依靠隐私权来保护并不能囊括个人信息。隐私权属于具体人格权，它所保护的范畴是个人不想被他人知道或个人不愿意泄露的个人生活信息[4]，主要保护的是精神性利益，对于个人信息的财产利益，隐私权并未对其进行保护。个人信息并不是隐私信息，二者不可混为一谈，需要明确区分。

相较于隐私权，个人信息并不强调信息的私密性，而在于权利主体排

---

[1] 程啸. 论我国民法典中个人信息权益的性质 [J]. 政治与法律,2020(8):2-14.

[2] 王利明. 论个人信息权的法律保护：以个人信息权与隐私权的界分为中心 [J]. 现代法学,2013,35(4):62-72.

[3] 同 [1].

[4] 杨立新. 人格权法 [M]. 北京：法律出版社,2015:259.

斥他人滥用与保持信息安全的主观意愿，个人信息最重要的价值不在于将信息予以保密，而在于外界对权利主体的识别和社会性。[1] 隐私权强调的是保密性，而个人信息的权能既体现在积极行使权利能实现财产价值，也可以通过消极防御来实现利益保护。法律对不同保护法案赋予不同的权利，所以规定例外情形的法律位阶也有一定的差异。比如，侵害隐私权的例外规定，只能由"法律"规定，而侵害个人信息权可以由"法律、行政法规"规定。

从利用层面出发，二者对利用的定义相差甚大。他人是可以利用个人信息的，但不可以利用隐私信息，即便自然人可以自由地将个人私密信息发布到网上，或主动向媒体公开，但这部分信息原则上不被除信息主体以外的他人、机构组织利用。也就是说，保护信息主体的生活不被其他人打扰，私密信息不被侵害，保护个人利益不受他人侵害，隐私权所保护的信息原则上是不可以被他人利用的。[2] 而个人身份信息等与私密性关系不高的且无关紧要的信息是可以在信息主体的许可范围内由他人进行合理的使用和处理，但需要做到平衡其与信息自由、合理利用间的关系，对于将此信息应用到新闻报道等公共方面的，可以使用此信息，此外还补充说明了何种情况下的侵害可以免除法律问责，这些规定都不适用隐私权。隐私权侧重于其消极防御的功能[3]，并不是侧重于积极效用的发挥。允许使用隐私信息，会造成违反法律法规的现象发生，隐私权人有权利通过多种方式自由处分自己的信息[4]，比如，在社交网站发布个人私密信息，或主动向媒体公开等，但是并不意味着这些信息可以被他人拿来随意使用。个人信

---

[1] 张红.《民法典各分编（草案）》人格权编评析 [J]. 法学评论,2019,37(1):106-122.

[2] 谢远扬.信息论视角下个人信息的价值：兼对隐私权保护模式的检讨 [J]. 清华法学,2015,9(3):94-110.

[3] 张新宝.从隐私到个人信息：利益再衡量的理论与制度安排 [J]. 中国法学,2015(3):38-59.

[4] 杨立新.人格权法 [M].北京：法律出版社,2015:262.

息保护主要包括保护隐私性的个人信息不被泄露。

与个人身份相关的信息不一定是隐私信息[1]，但可以肯定的是，信息的私密性越强其指向性也就越强，私密信息相较于非私密性信息与信息权人的联系更加紧密，通过私密信息来识别信息主体的可能性和风险较大。[2]因此，不愿被其他人知道的个人私密性信息就被赋予了隐私利益，不经信息主体同意而擅自使用、流传私密信息的行为属于侵权行为。若将个人信息归入隐私权的范畴，通过隐私保护的方式来保护个人信息的模式会导致凡是泄露信息即构成侵权，但个人信息并不全部都是个人不想让外界知道的。换言之，当信息利用者在使用个人的私密性信息时，应当具有更加严苛的条件，在得到权利人的明确同意时，还应当做好安全保障工作，保护信息的安全性和可靠性，避免私密信息的泄露产生不利影响。个人信息在被使用的过程中很容易发生侵权现象，因为保证个人生活不被打扰也属于隐私权的内容。尤其在发达网络技术的掩护下，关于个人行为、个人工作等信息很容易被收集到，这会对个人造成隐私侵权。

---

[1]　王利明.论个人信息权的法律保护：以个人信息权与隐私权的界分为中心[J].现代法学,2013,35(4):62-72.

[2]　高富平.个人信息保护：从个人控制到社会控制[J].法学研究,2018,40(3):84-101.

第四章 侵害个人信息的民事责任认定

大数据时代背景下，互联网技术的发展提高了收集个人信息的效率，信息存储与处理的智能化也在一定程度上加剧了个人信息被侵害的后果，个人信息侵权问题也变得更加难以控制。网络技术使个人信息侵权行为更加具有隐匿性，涉及阶段也更加复杂，从而导致调查取证过程更加复杂。随着信息技术的不断发展，公民个人信息被泄露、被滥用的现象日益严重。受大数据时代发展、保护机制失衡及监管缺位等诸多因素影响，个人信息保护遇到诸多挑战。[1] 侵害个人信息行为具有特殊样态，在责任构成上也不同于传统侵权方式。基于此，本章以大数据时代下个人信息侵权的特殊性为视角，探究个人信息侵权认定的逻辑进路，以期对个人信息保护有所裨益。

第一节 侵害个人信息的归责原则

侵权认定归责原则是权利人救济的核心要素 [2]，决定了民事责任构成与责任分配。[3] 归责原则中过错责任是依据侵权行为人主观上存在故意或

---

[1] 汪东升. 个人信息的刑法保护 [M]. 北京：法律出版社,2019:12.

[2] 王利明. 侵权行为法研究 (上卷)[M]. 北京：中国人民大学出版社,2004:18.

[3] 马克西米利安·福克斯. 侵权行为法 [M]. 齐晓琨, 译. 北京:法律出版社,2006:48.

过失来认定是否应承担责任，无过错责任则主要考量客观上损害后果的严重程度。[1]我国当前对个人信息侵权归责原则并未明确，需在比较借鉴基础上，结合我国个人信息保护现状来合理确立。

一、侵害个人信息归责原则的比较考察

欧盟各国立法基本上遵循无过错责任原则。[2]欧盟对各成员国数据保护法采取统一指导，明确要求各成员国应在针对个人信息侵权行为时执行较为严格的归责原则。[3]欧盟对个人信息保护设置最低基准[4]，以减少不同成员国彼此间的阻碍，逐步确立较为严格的个人信息保护机制。随着数据流动增强，许多国家要求合理使用公民个人信息以减轻信息利用的障碍，在此背景下，欧盟奉行的严格归责标准面临极大压力。针对大数据时代信息处理方式的多样化形式，德国认为若继续采用欧盟"一刀切"的标准将难以应对当前的复杂形势，由此确立了归责原则和损害机制的合理设计来实现对信息主体权益的保障，以有效规避基于技术实力差距过大而难以举证的困境。行政侵权采用无过错责任，赔偿没有选择全额赔偿的方式而是对最高限额予以明确；民事侵权则采取了较为缓和的过错原则，举证责任分配上遵循"举证责任倒置"规则，损害赔偿中采取全额赔偿的方式。

长期以来，美国行业自律是规范行业行为的重要保障，政府的引导作用是为行业指明方向。美国受传统理念及实用主义哲学双重影响，倾向于

---

[1]　程啸.侵权责任法[M].北京：法律出版社,2015:98.

[2]　欧盟1995年在指令中明确指出："无论掌握信息的一方有无主观层面过错，只要其实施了非法处理信息的行为并造成损害后果都需要承担相应的法律责任。"

[3]　SUTTON G. EU-China Personal Data Protection:Questions and Answers. The Findings of EU-China Information Society Project [E]. 2008.

[4]　CHOI J P, JEON D S，KIM B C. Privacy and Personal Data Collection with Information Externalities[J]. Journal of Public Economics, 2019,173:113−114.

靠市场解决问题，立法起辅助作用[1]，行业自律相比于立法更有助于保护信息安全。美国针对部分特殊领域围绕个人信息保护颁布了专门的法律。例如，1974 年通过的《隐私法案》中就政府机关在违背义务的状况下，权利人可在民事层面拿起法律武器维护自身合法权益作出了规定。[2] 由于其仅在部分机构适用，其他机关不适用，故而这一法案明确了只有政府公务机关对无过错原则加以适用。通过对美国当前立法现状来分析，有关个人信息侵权的原则性规定的内容并不是很充实，同时该国不仅注重对自身个人信息加以保护，且非常关注信息的传递。[3] 相比于欧盟严格统一规范的立法，美国立法对个人信息侵权责任所采用的归责原则规定较宽松，其规制的主要对象为公务机关。

我国台湾地区按照主体不同适用不同的归责原则。公务机关在采集、处理信息过程中造成信息主体权益侵害时，唯有不可抗力才能够免除责任，适用无过错责任原则。非公务机关提供证据证明自己并非故意或者不存在过失状况下可免除责任，适用的是过错推定原则。我国香港特别行政区《个人资料（隐私）条例》中明确指出个人资料侵权归责原则适用过错推定原则，过错推定标准同我国内地主观过错认定存在异曲同工之处，以信息使用者行为有无违背《个人资料（隐私）条例》作为依据来认定其过错与否，若信息使用者在对信息加以使用过程中已经充分尽到合理谨慎义务时，就代表其不具有过错。

二、我国侵害个人信息归责原则的现状分析

我国现行法并未确立个人信息侵权适用无过错责任原则。为了加强网

---

[1] SOLOVE D J, ROTENBERG M, SCHWARTZ P M. Information Privacy Law[M]. New York: Aspen Publishers, 2006.

[2] 周汉华. 域外个人数据保护法汇编 [M]. 北京：法律出版社,2006:52.

[3] SCHWARTZ P M. Property.Privacy and Personal Data[J]. Harvard Law Review, 2004, 117:2056−2128.

络安全，我国出台了《中华人民共和国网络安全法》和《中华人民共和国电子商务法》等法律法规针对互联网侵权制定规范[1]，对更好规范、制约网络信息侵权行为具有重要意义，但网络服务提供者所适用的归责原则在个人信息侵权案件中不能广泛适用。此外，侵权责任法在医疗机构领域作了特殊规定，明确了医疗机构的责任模式，规定医疗机构不仅享有查阅和复制病人病历的权利，也具有保护病人病历的义务。虽然病历属于个人信息的部分内容，但不具有广泛代表性。再如，我国行政管制性法律在责任承担方面都会作出此类规定，但这些规定具有行政管理性质，在适用时也需要以基本法为基础。我国现行法律对个人信息侵权适用何种归责原则并未明确。从我国司法实践来看，个人信息侵权单纯适用过错原则并不合适。[2] 由于当前个人信息归责原则并没有考虑侵权主体不同而进行区分建构，当前个人信息侵权责任进行认定单纯适用过错原则面临着双方当事人证明责任存在不对称问题及国家机关警示性弱化问题。

针对个人信息侵权归责原则建构，我国学术界主要有三种观点。

第一，按照侵权主体不同确定不同归责原则。当侵权主体为公权力机关时，应当适用无过错原则；侵权主体为非公权力机关时，则适用过错推定责任原则。采取这种分类主要是为了防止公权力的滥用对信息权人产生的不利影响，也正因为公权力机关的特殊性，在信息处理过程中其应承担较为严重的安全保障义务和信息安全保障的责任。在公权力机关侵权中，若采取传统的归责原则，公权力机关的侵权行为将会难以克制，从而对信息主体产生较大的损害，并可能引起对公权力机关的不信任。同时，我们国家并没有对公权力机关相应的监管机构，并且由于双方地位的不平等性，

---

[1]　《中华人民共和国网络安全法》中规定："如果存在违反本法规定的情况进而对他人合法权益造成侵害的，应当依照法律的相关规定，由侵权人对所产生的民事责任予以承担。"

[2]　张新宝. 从隐私到个人信息：利益再衡量的理论与制度安排 [J]. 中国法学,2015(3):38-59.

对公权力机关采取无过错原则具有合理性。过错推定责任相较于无过错责任则相对较为平缓，但比过错责任更具威慑力。虽然非公权力机关采取过错推定责任原则也是基于信息控制者在信息处理中的相对优势地位，但损害后果又未达到公权力机关的深度，面对未来的信息化处理方式，对非公权力机关采用无过错责任原则是基于未来自动化处理和信息化发展的需求。

第二，根据责任承担方式采取不同归责原则。立足当前责任承担方式，针对性确定归责原则加以明确停止侵害、排除妨碍、消除危险、恢复原状、消除影响、恢复名誉采取无过错责任。赔礼道歉及赔偿损失主要依照侵权主体的差异有区别地适用归责原则，自然人作为侵权主体主要适用过错原则，网络服务商及政府机关作为侵权主体则主要适用无过错责任归责原则。该种观点以网络条件为背景，围绕网络背景下个人信息侵权行为、损害后果所具有的特征给出具体的归责原则。但是，个人信息网络侵权并不具备广泛的适用性，基于网络环境的特殊性而制定的特殊规则并不能满足个人信息侵权的需要。在传统归责方式无法完全在网络环境中套用的情况下，立足网络时代背景就个人信息侵权归责问题给出指导意见，不仅是必要的，而且是迫切的。

第三，针对不同信息处理方式采取不同归责原则。该种观点是立足数据自动化处理技术运用来明确过错责任原则的适用。基于原被告之间所掌握的技术和处理信息能力的差距，数据自动化处理下被告所带来风险相较于传统信息处理方式会更加凸显。若按照传统信息处理方式下的归责方式，数据自动化处理下的原告则处于不利境地。因此，采取数据自动化处理方式的侵权需要对原被告之间责任划分应当有所不同才能够体现倾斜保护。

三、我国侵害个人信息归责原则的区别建构

同其他国家、组织针对个人信息保护的立法相比，我国关于个人信息

侵权的归责原则规定得不够清晰与细致，需进一步细化和完善。总而言之，侵权法在未来立法的过程中将一般条款的原则规定和同类型化的特别规定两者结合到一起凸显了时代特征，在借鉴其他国家的先进立法的基础上对归责原则予以完善和构建。域外以公务机关、非公务机关作为基础对主体进行划分的归责原则，对我国个人信息侵权的归责原则构建具有参考性，不仅能够规避"一刀切"归责原则所具有的不合理性，也能有效防范归责原则过于严苛带来的负面影响。

从德国针对公务机关及非公务机关的区分来看，这种方式同我国国家机关、非国家机关概念相类似。针对这一情况，我国可以借鉴德国的做法，立足公务机关、非公务机关的特殊性，确定差异化归责原则。

德国所实行的针对公务机关、非公务机关适用不同归责原则的做法值得我国立法参考。该模式不仅有助于避免两种不同侵权主体采用相同归责原则所具有的不合理性，也能有效预防归责原则过于严苛导致个人信息流通不畅的状况发生。根据侵权主体的差异性，可以将其分为两种类型：第一种类型是公务机关实施了信息侵权行为；第二种类型是非公务机关实施了信息侵权行为。根据主体不同，信息也会产生不同价值，如信息对信息主体本身而言具有社会交流的价值，而对于国家公权力机关而言所具有的价值则在社会管理方面，对于企业而言个人信息会产生商业价值。针对自然人依法享有的个人信息，不管是公权力机关，还是公权力机关以外的其他主体，在对相关信息进行处理时都必须依法进行。然而从司法实践来看，这点往往无法得到很好的保障，公权力机关及其他主体均会做出对自然人信息进行侵犯的行为。这一系列侵权行为本身也有差别，有的是本身无实质性权利而越权实施，有的是在没有征得权利人同意的情况下实施了信息侵权行为，还有一些是在法定权利外实施了对自然人享有的个人信息进行非法搜索、销售、泄露等行为。出于不同的缘由，各类侵权主体也会实施不法行为从而造成对个人权益的侵害，即便是享有国家公权力的机关也无法以行使公权力为由，对自身侵害个人信息权的行为予以免责。

（一）国家机关侵害个人信息适用无过错责任

无过错归责原则主要是立法偏向受害人的一种体现。国家机关适用无过错责任原则是建立在信息主体弱势地位及国家机关特殊身份基础上的。[1] 国家机关侵害个人信息适用无过错责任原则主要基于两方面原因。

一方面，与信息权人及国家机关以外主体相比，国家机关在信息控制上具有得天独厚的优势。国家机关以履行公共管理、服务职能为目的行使公权，在对个人信息进行处理和使用时会依靠国家职权来实现，因此其在利用个人信息时更应当注重保障信息安全，对个人信息处理应以满足公共利益为目的。国家机关在资源与技术方面更具优势，国家机关不仅具有保障信息安全的义务，更应采取多种措施来保障环境安全。国家机关依职权实施收集、利用、管理个人信息行为时，法律更是对其合法性予以认可并提供便利。相比国家机关，信息权人力量薄弱，被侵权者往往是自然人个体，同时信息权人难以提供证据来证明国家机关主观层面的过错。国家机关利用公权力优势掌握大量信息，一旦泄露，造成的损害就难以估量，基于此，当国家机关实施的行为造成对信息权人侵害时，理应承担更重的责任。

另一方面，出于公信力角度考量，国家机关适用无过错责任原则具有合理性。国家机关掌握最广泛、最全面的公民信息，甚至能够将同自然人有关的一切信息统统涵盖进去，其所收集信息时具有强制性、全面性、必然性、保密性和非营利性的特征。国家机关实施侵权行为不仅会严重侵害信息权人利益，还会严重影响国家的公信力。国家机关往往会采用多种形式对个人信息加以收集和利用。例如，利用各种考试掌握报名人填写的信息、房地产的买卖与过户中也会登记相关人员的信息等。国家基于管理的

---

[1] 程啸. 论侵害个人信息的民事责任 [J]. 暨南学报（哲学社会科学版）,2020,42(2): 39−47.

需要掌握着大量的个人信息，但国家机关基于故意（如国家公职人员非法买卖个人信息，或者为非法买卖行为提供便利）或者重大过失（如安全网络被攻击、工作人员的重大疏忽导致的信息泄露）导致个人信息泄露事件频发。我们不妨思考一下，倘若基于房产登记或者参加高考，或者各种职业考试而导致信息泄露，公众必然会质疑国家对公民个人信息的保障力度。因此，为更好地对国家机关行为加以规制，切实维护好国家公信力，对国家机关所实施的侵权行为作出更为严格的责任认定，针对国家机关侵害个人信息适用无过错原则更为合理。

（二）非国家机关侵害个人信息适用过错推定归责原则

过错推定归责原则要求在确认侵权行为构成及担责方面并不是以过错作为基本条件。过错推定在侵权法中的应用是在无法确定实际侵权人是存在重大过错，还是在某些特殊情况下具有过错的情形，在这种情况下信息权人多处于不利的地位。在公平正义的前提下，如果没有任何证据可以指向这类侵权者具有主观心理状态，那么依照法律推定的归责原则，最终承担责任的人可能同侵权者不是同一人，或者被法律推定为主观方面没有任何过错。

从个人信息侵权案件中的证明责任分配来看，对信息权人来说，其不用承担举证责任以证明加害人所实施的侵害行为是否建立在主观过错基础之上。此时，倘若加害人没有任何证据证明自己的行为不具有主观层面的过错，则依照过错推定责任的归责原则需要由行为人承担民事侵权责任。与一般的过错责任相比，过错推定的归责原则是在侵权认定中对弱势一方保护的体现，这种归责原则可以减轻受害人的举证责任负担，从而加重侵权人的责任，以实现义务分配的公正。非国家机关是与国家机关并列的主体，具体涉及的是除国家机关之外的其他参与主体。虽然不同于国家机关利用公权对个人信息进行处理的那种强制性，非国家机关主体在实践中也会大量使用自然人的个人信息，部分法人或自然人为谋求不当利益，常常会采用非法手段对个人信息加以采集并进行利用。

同普通的侵权相比，非国家机关所实施的个人信息侵权有一定的特别之处。一方面，从侵权主体来看，通常情况下不是单个自然人或者法人，不少情况下会涉及不止一个侵权人，信息控制者在技术方面非常强大，背后往往有专业团队及大规模资金作为支撑。故而同信息主体相比，其往往处于优势的地位。[1]个人信息侵权行为不仅具有隐蔽性的特征，也有着时空性的特点。绝大多数掌控信息的人员会采用专业技术对个人信息加以采集利用。然而，对非国家机关所实施的个人信息侵权行为适用无过错责任归责原则，显得太过苛刻，如果对非国家机关适用无过错责任，那么其不管是否尽到注意义务都认为其构成侵权，就会使信息利用者在对个人信息加以采集时有更多的顾虑，同时还需要耗费更多的资金，这将无助于信息资源的有效利用及相关行业的发展与进步。针对这种情况，对非国家机关采用过错推定的归责原则能够在很大程度上促进信息的流通与利用，以此缩减信息利用的成本，让信息资源发挥最大的作用，进而为经济发展贡献积极的力量。另一方面，相较于非国家机关，信息主体财力有限且技术手段落后，同时由于信息化时代背景下个人信息高速传播，个人信息往往同信息主体之间存在分离的情况。在个人信息侵权中，侵权人很难被追踪，某些情形下难以确认具体的实际侵害人，对个人信息的侵权主体来说，其能够对信息加以控制和利用；而对被侵害人来说，由于其处于弱势地位，无法了解和掌握侵权主体的信息利用情况，很难有渠道完成证据的收集。相较于信息主体，信息控制者在举证方面优势更为明显。信息主体往往很难获得证据以此证明侵权人在主观方面存在过错，相较于非国家机关，其在举证方面存在先天的弱势，故而在维权方面往往步履维艰，难以拿起司法武器维护自身合法权益。

---

[1] 高富平. 个人信息保护：从个人控制到社会控制 [J]. 法学研究,2018,40(3):84-101.

第二节 侵害个人信息的构成要件

个人信息的侵权构成具有其自身的特殊性。本节主要从侵权行为造成的损害后果、行为人主观层面所具有的过错、行为实施同损害结果发生两者间存在因果联系的角度展开分析和探究。

一、侵害个人信息的违法行为认定

个人信息侵权与大数据时代下信息处理行为不合规存在密切联系，大数据时代下个人信息的侵害行为主要体现在非法获取、提供和使用上。

第一，非法获取个人信息。随着信息处理方式的进步与发展，个人信息被获取的方式也呈现多样化，非法获取样态也更加复杂。[1]非法获取个人信息主要表现为三种类型：其一，商业服务平台上产品分销商或服务项目运营商的不良获取行为。通过对个人消费趋势予以分析可以帮助销售部门做市场管理决策，因此在经营活动中存在针对性的产品促销行为，为此产品分销商或服务项目运营商通常会存在个人信息不正当收集的行为。其二，社交网络平台上互联网服务商的不当获取行为。社交网络平台上互联网服务商往往会利用自身优势，采取隐蔽方式来诱使客户显示个人信息，而且这种获取方式不会被信息权人感知。其三，应用软件上的不当获取行为。随着信息技术发展及智能移动系统发展，人们在享受信息技术便利的同时，也面临软件与应用程序泛滥的困扰。当使用App时我们被迫接受所设定的附加义务，如捆绑应用、多余信息处理环节等。随之而来的是，手机一旦被相关程序锁定，定位服务则会被相应获得许可，随之而来的监控措施也会应用到手机中，通过这种方式，App平台可以掌握公民大量活动

---

[1] 刘雅琦.基于敏感度分级的个人信息开发利用保障体系研究[M].武汉:武汉大学出版社,2015:7.

轨迹信息并被储存和记录。

第二，非法提供个人信息。随着当前信息处理方式的发展，非法提供个人信息的类型逐渐呈现多样化趋势。从证件、居住地址、征信、交易等方面的信息，再到个人的健康状况、行迹等，只要是可以对特定自然人身份加以识别，或将自然人活动情况真实体现出来的一切信息都有被非法提供的风险。个人敏感信息能够很清晰地将信息主体所参与活动、身份信息内容、家庭情况及其重要社会关系等体现出来，敏感信息的占有者具有保护信息安全的义务，不得随意将个人信息提供给他人使用，在必要情形下也应当审慎对待他人信息。应当对非法提供个人信息的行为予以遏制，从而切断个人信息侵权的中间环节。

第三，非法使用个人信息。个人信息一旦泄露并被非法使用，不仅使信息权人利益遭到侵害，同时公共秩序和社会安全也会受到威胁。个人信息被非法使用还体现在某些特殊领域中。例如，购买个人信息以推广产品，使用个人信息申请淘宝账户注册，创建伪造的 ID 扫描文档，并将其用于支付宝实名验证和其他方面。又如，银行个人信息和信用卡信息内容涉及信息权人的财产利益，行为人可以窃取他人信用卡信息进行透支，也可以通过购买个人信息冒充公安部门或金融机构雇员进行诈骗。此外，电信和文化教育、诊断和治疗、快递公司及电子商务等领域也存在个人信息被非法使用的情形。

侵害个人信息的行为有不同分类，以侵权行为的具体表现形式进行划分可以分为两种类型：一为作为侵权；二为不作为侵权。作为侵权指的是基于行为人主动作出的对他人信息权造成侵害的行为。比如，通过植入木马窃取他人电脑中的个人信息，随后对个人信息施以销售、公开、犯罪等行为。不作为侵权主要指的是通过消极怠慢的态度对个人信息权加以侵害。这种侵权行为应当归为不作为违法行为范畴。举例来说，依法或依职权对他人信息进行控制的公权力机关由于没有及时履行告知义务，导致权利人无法对个人信息权行使诸如更正、修改之类的权能。又如，依法或依职权对他人信息进行控制或者占有信息的信息处理者由于没有尽到审慎义务，未采取必要的措施导致信息权人丧失对个人信息的控制。以侵权行为方式的差异性作为划分标准，也可以将侵权分为两种：第一种方式是自动化方式侵权；第二种方式是可检索人工方式侵权。因为个人信息权的权利客体主要根据处理个人信息方式的差异予以分类，故而采用处理方式作为划分标准具有一定的合理性。可以说，采用自动化方式对个人信息进行处理这一现象主要源自信息社会的发展，特别是利用网络技术对个人信息加以处理更是受到公众的普遍关注，成为社会的热点问题之一。当前，我国为更好地保护个人信息已经采取了不少措施，同时《侵权责任法》也为网络侵权责任如何进行认定制定了相应的规则。利用网络设施对个人信息侵害的情况比比皆是，以其他自动化设施或者设备对个人信息加以侵害的行为同样数不胜数，其中最为普遍的莫过于采用计算机、扫描仪等设备对他人信息权造成侵害。倘若对此类行为置之不理，则无法有效保护权利人的合法权益。

信息具有很强的流动性，同时从信息采集到保存利用，其中不仅涉及许多环节，而且牵涉众多主体。故此，这种情况下以高度可能性作为判断标准对被告有无实施侵害行为作出判定，这种做法具有一定的实际可操作性[1]：一则，这一标准不会颠覆民诉领域采用的举证责任分配原则，对原告来说，其依旧能通过举证的方式明确被告高度可能实施对其个人信息造成侵害的行为；二则，由于处于信息社会发展背景下，个人信息被不止一个主体加以采集利用已经成为常态，同时信息的处理和传输本身有着隐蔽性的特征，这种情况下要求原告指认谁是侵权主体，显然对原告来说是不可能完成的任务。所以，较为合理的做法就是由原告提供证据证明被告高

---

[1]　程啸.论侵害个人信息的民事责任[J].暨南学报（哲学社会科学版），2020,42(2)：39-47.

度可能对其信息造成了泄露即可。原告提供的证据由于达到"高度可能"的标准，这一判断主要由法官立足整个案件事实综合研判后作出。只要法官认可"高度可能"的标准，这种情况下，举证责任就转移给了被告一方，由其举证自身没有侵权的可能。在对高度可能性证明标准加以适用的过程中，法官在认定"高度可能"时，应综合考虑下述多项因素：①被告在什么样的程度和范围内掌握信息主体被泄露的信息。个人信息种类繁多，被告掌握信息的覆盖面越广，程度越深，就越有可能造成对信息主体个人信息权的侵害。②其他单位或者自然人掌握个人信息的深度及广度。虽然从现代社会来看，不管是谁，其个人信息都有可能被不止一个单位或个人掌控，然而由于这些信息主体收集信息的覆盖面广度及深度存在差异，所以掌握个人信息深度及广度更甚的单位或自然人更有可能造成对信息主体个人信息权的侵害。举例来说，航空公司及票务公司会知晓信息主体乘坐哪一班飞机的信息，相比于金融机构来说，上述主体的具体信息被非法泄露的可能性更高。③被告有无实施泄露信息行为的过往记录。倘若被告曾有过对他人信息进行泄露的不良历史，如相关行为曾被媒体曝光或受到行政机关处罚、被法院立案等，这种情况下，其更满足"高度可能"的标准。④被告是否为维护信息安全已采取了一定的措施。倘若被告能够给出证据证明其已经为了保护信息安全采取了必要的措施，只要履行立法所明确的关于保护个人信息的义务，便能够将"高度可能"予以推翻，进而降低侵权可能性。⑤对于信息收集、处理及使用者而言，其接入平台的第三方应用有无设立相应的准入标准[1]，便牵涉到认定信息泄露到底是第三方应用还是信息平台的问题。

二、侵害个人信息的损害事实认定

所谓损害事实，主要指基于事实特定行为导致权利人出现合法权益遭

---

[1] 谢永志. 个人数据保护法立法研究 [M]. 北京：人民法院出版社,2013:215.

受侵害，且财产利益与非财产利益缩减甚至丧失的客观状态。[1] 在当前社会大数据发展的背景下，个人信息侵权的损害涌现出不少全新特点：一是侵权损害出现在数据处理过程中的若干个环节；二是由于个体信息所具有的价值性导致信息侵害情况比比皆是；三是信息损害兼具衍生性与继发性等重要特征。针对以上特征，个人信息损害事实的认定具有一定的困难。应在对损害加以认定前有效甄别有无侵害的行为发生，也就是说，必须明确数据处理的行为是否同法律的相关规定及程序等相违背，同时在信息主体权益同数据处理利益两者间寻求最佳的平衡点。不仅如此，也不能只关注信息侵害给信息主体造成的精神损害是否达到严重程度，或者一味根据实际经济损失来认定侵权与否，处于现在的时代发展背景下，对"严重精神损害"或"实际经济损失"这一要件进行缓和俨然已成为发展的趋势。

个人信息不仅可以反映出信息主体的人身权益，而且可以折射出其所具有的财产权益。个人信息兼具上述两个方面的权益，因此个人信息侵权损害后果呈现出两种不同形态：一是人身权益的损害结果。[2] 个人信息的非实物特征同人身权益损害后果的发生，两者间是相互照应的关系。一般来说，可以表现为扭曲非财产目的及对个人信息加以虚构等常见情况，以此对信息主体的精神性利益造成侵害。个人信息能够反映出其本身所具有的人格尊严和承载的精神自由，如果对此进行侵犯，信息主体便会在精神层面感受到诸如焦虑、不安甚至恐惧、绝望等负面情绪。二是财产利益损害事实。个人信息带有一定的财产利益，正因如此，其负载着一定的经济利益。信息处理者在没有获取权利人许可或行为突破合同约定的权利范围的情况下，将信息作为一种资源来予以利用。信息流通可以为以企业、公司为代表的非公权力机关带来商业价值和经济利益，故而非公权力机关在

---

[1]　彭俊良 . 侵权责任法论 [M]. 北京：北京大学出版社 ,2013:75.

[2]　杨立新 . 电子商务侵权法 [M]. 北京：知识产权出版社 ,2005:73.

趋利的作用下，有意愿对个人信息加以收集。但是，也有部分非公权力机关为牟利而实施个人信息交易的行为。[1] 故而，司法实践中非法收集并交易个人信息的状况屡屡发生，这一行为不仅是对信息权人原本可基于个人信息获得的收益权造成了侵害，也导致其财产利益受到损失。损害赔偿的关键包括：第一，人格特质和人格特质的资产权利，以及通过修复被非法破坏的人格特质的权益而消耗的消费者权利成本；第二，如果没有特定的经济损失，则可以考虑如果没有获得通过个人信息获得的权益，是否对其他原始权益造成损害。

不管是选择哪一种路径的侵权法对权利主体给予保护，损害都已经客观发生，故而都属于事后救济的范畴。从个人信息侵权本身来看，不仅是传统意义上的信息主体基于个人隐私被泄露及被他人知晓而在精神层面蒙受压力和痛苦，也有不少类型的新情况与新问题出现。针对这些新问题，侵权法应当对具体类型进行区分，并对侵权行为形成的新型损害加以有选择性的承认。[2] 信息泄露，也就是个人数据遭受他人不法损毁、损坏、盗用或者在没有经过许可的情况下擅自访问，以此导致信息失去保密性或者完整性，同时致使下游犯罪涌现。也就是说，下游犯罪是建立在信息侵害行为先行的基础上的，下游犯罪常见的有网络攻击、网络诈骗、掌握他人隐私实施敲诈勒索等。当前，我国范围内普遍存在的网络诈骗、电信诈骗大多建立在个人信息侵权的前提下，由于人们生活在信息监控下，精神层面无法得到切实的安全。侵权方强大的数据获取、收集能力让当前时代背景下所有公民生活在透明中，让每一个人都无法过分张扬自己的个性，发表自己的言论，故而选择随波逐流。互联网全天候、无停歇地对网民实施思想理念表达监控，让自然人原本可以享有的隐私空间被大规模压缩，无法拥有自己的私生活。

---

[1] 汪东升.个人信息的刑法保护[M].北京：法律出版社,2019:189.

[2] 叶名怡.个人信息的侵权法保护[J].法学研究,2018,40(4):83-102.

大数据时代，侵权损害主要体现在由于不法泄露及不法泄露后引申出来的一系列进一步损害，这些损害无法被传统的侵权法包含，故而缺少对相关行为作出有效规制。究其根本原因，主要存在三个方面：第一，部分行为的实施是否构成侵害或者对信息的处理是否合法合规，这点尚且无法达成共识。比如，网络服务提供者采用默示同意这一手段对用户网络浏览记录加以采集，并精准推送其想要的商品，这种情况就是如此。第二，从传统意义上来说，对财产性损害所作出的判定，主流观点主要是认同差额说。但如前文中列举的情况，财产性损害大多尚未出现或无法被侵权的信息主体发现，信息主体无法提供证据进行主张。第三，就非财产性损害来说，其赔偿建立在法律作出特别规定的前提下，同时必须满足"造成他人严重精神损害"这一条件，然而事实表明，要做到上述两点却是非常困难的。

三、侵害个人信息的因果关系认定

从侵权责任的认定来说，因果关系这一要件至关重要，不可或缺。然而从个人信息侵权案件来看，绝大多数案件所遇到的难点就在于如何证明因果关系。[1] 对因果关系作出解释，可理解为是行为人所实施的行为导致了损害后果发生。违法行为的实施是因，客观上的损害事实是果，两者的关系是引起和被引起的关系，这就是侵权责任的重要成立要件之一，即因果关系。[2] 因果关系是否存在是认定责任的关键所在，唯有因果关系确立的情况下，方能证明归责具有正当性，行为人的担责建立在其行为实施且造成损害事实的基础上。从个人信息侵权案件来看，唯有违法行为的实施作为导致损害发生结果的原因时，行为人才需要对侵权责任加以承担。[3]

---

[1] 叶名怡 . 个人信息的侵权法保护 [J]. 法学研究 ,2018,40(4):83-102.

[2] 杨立新 . 侵权损害赔偿 [M]. 北京 : 法律出版社 ,2010:96.

[3] 杨立新 . 电子商务侵权法 [M]. 北京 : 知识产权出版社 ,2005:76.

　　同其他构成要素相比，个人信息侵权保护中如何对因果关系加以论证较为困难。信息从收集到利用的全过程中，所有环节都不可避免地发生泄露，信息主体往往无法确定侵权行为人。这种情况下，要证明侵权人实施了侵权行为造成自身个人信息权被侵害的后果发生，基本上很难实现。[1] 之所以会导致因果关系难以认定这一情况发生，主要是侵权行为人具有较强的隐匿性，无法通过普通的技术察觉，或者在"多因一果"的状况下，个体认识能力不够全面，无法将整个侵权行业链完整地发掘出来。由于数据从收集到利用的每一个环节都存在信息泄露的可能性，信息主体无法定位侵权人，故而导致因果关系难以证明，用户权益遭受不法侵害而不自知，导致最终无法维权的情况发生。即使能把范围确定下来，也无法指出哪个就是行为人；即使能证实某行为人就是特定的行为人，也不能证明其通过什么手段来侵害数据并由此引发侵害结果。进行信息上传，实施信息存储，开始信息收集工作，引发信息泄露，其中就涉及诸多环节，且相互之间的因果关系极为复杂，这就导致在处理信息侵权案件时，能有效追究的侵权人并不多。

　　数据技术复杂的大数据时代，信息主体之所以难以证明因果关系主要原因是基于多数行为人侵权行为的协同性。例如，复数控制人采取大数据技术这种手段就可适用因果关系推定规则来追责，但这种技术本身就较为特殊，就受害人来说，不管从技术上来说，还是从财力这个层面上而言，都不具有明确谁才是侵犯自身个人信息权的能力。由此可见该困难客观存在，如果立法上没有给予解决，那么受害人权益就无法获得有效维护。因此，涉及个人信息侵权案件审理时，应先明确侵权人在实施侵权行为时，是否能预见将产生侵害结果。通常而言，在认定该因果关系并未存在特殊性时，如能明确信息侵权者，则可依法对其进行追责。只要是不法行为损害后果

---

[1] COFONE I N. The Dynamic Effect of Information Privacy Law[J]. Minnesota Journal of Law, Science & Technology, 2017(552),517-574.

发生，即体现为"一因一果"，那么就能构成因果关系，据此来追责即可。不过也有特殊的情况，即存在其他原因，并非只有不法行为的原因而导致出现损害后果，这些现象我们可以用"多因一果"来概括，对于这种情形的追责，应适用相当因果关系理论来进行确定，并据此来维护受害人的合法权益。

四、侵害个人信息的过错认定

所谓过错，是指行为人在实施不法行为时因其意志存在的应受责难的主观状态。[1] 主观过错可细化为两种情形：其一是故意；其二是过失。这两种情形存在明显差别，故意简单来说就是特意为之，追求发生这种危险后果，主观意愿非常强烈。过失则不同，其并不希望发生侵权后果。在对过失进行判断时，须参考注意义务来进行判断，如行为人已经尽到了注意义务，那么，应认定其未存在过失，反之则认定为过失。在民法领域，如是善良管理人以法定标准认定这种情形，均需对是否已经尽到注意义务进行判断。

国家机关在实施与个人信息相关的活动时，其往往占有绝对优势，且实施的这些行为可能会引发严重侵害，在处理这类案件时应适用无过错责任原则来判断，即判断国家机关在这个过程是否存在主观过错。如果是非公权力机关实施侵害个人信息的行为，在认定其侵权责任时，应考虑是否存在过错。[2] 故意在主观意图方面非常强烈，过失则不同，适用主观判断标准对此进行明确即可。认定公开、泄露行为是否侵权，过错要件是重要的判断标准，公开个人信息的过错判断要考虑是否做到与公开自己信息同样的注意程度。应充分考虑四个方面：①一般侵权人对信息内容的操纵范围，以及部分已发布的信息内容是否会导致与财产所有人的联系；②是否

---

[1]　黑格尔.法哲学原理 [M].范扬，张企泰，译.北京：商务印书馆,2017:137.

[2]　谢永志.个人数据保护法立法研究 [M].北京：人民法院出版社,2013:217.

违反现行标准及相关法律法规；③信息公开是为了公共利益，还是为了满足个人利益的需要；④是否尽到了注意义务，如发布个人信息时是否采用了某些解决方案，是否采取马赛克或者匿名化处理等解决方案。

互联网时代，由于侵权行为的多样性和犯罪群体的两极分化，很难识别侵权者，因此对侵害个人信息的行为进行评估至关重要。在侵害个人信息时，区分是否存在过失可以参考个人隐私权中的有效理论，即在相对自然的环境中，如果侵犯个人信息是不可避免和有效的，可以不被看作对个人信息的侵犯。如果私有信息没有可识别性，即不能立即偏向特定人，认为这仅是一般的信息内容，而不是私有信息。公开这种类型的信息内容不能偏向特殊的侵权主体，并且缺乏侵犯利益的基础，公开这样的信息内容显然不是错误的。虽然我国法律规定了个人信息的合理利用规则，但当使用个人信息超过了必要限度时也是被法律禁止的，当存在这种情形时也被认定为存在过错。

第三节　侵害个人信息的免责事由

洛克认为，私有财产是以个体的自然需要所决定的。[1] 人格要素的商业化利用在当前社会并非个案，具体是指人格权主体许可他人利用自己的某些人格要素并从中获得相应的经济利益回报。基于个人信息的特殊性，在立法时须明确其体现为私有财产权性质，以信息资料形式而存在的这些个人信息，其本身也是一种社会资源。[2] 为此，权利行使受到相应限制是合理的。威斯汀与米拉指出，"在信息时代背景下主体人格利益主要体现

---

[1]　洛克. 政府论（上）[M]. 叶启芳，瞿菊农，译. 北京：商务印书馆,1964.
[2]　张新宝. 从隐私到个人信息：利益再衡量的理论与制度安排 [J]. 中国法学,2015(3):38-59.

为对与之存在相关信息传播进行控制"。[1] 进入信息社会，个人信息的财产价值需通过流通来实现，信息交流亦可为推动社会进步和技术发展提供支持。基于信息财产利益最大化的需要，保护个人信息的同时需促进信息自由流通以实现合法使用。[2] 是故，权利人对个人信息的支配与控制不能阻碍信息的合法使用和安全流通。[3]

一、侵害个人信息免责事由的比较考察

从比较法上来看，各国及地区围绕个人信息保护进行立法时，针对个人信息的合理使用或免责事由等方面均进行了相应规定。例如，欧盟在其出台的《通用数据保护条例》中，肯定了特殊类型个人数据处理合法性处理的情形。日本颁布的《个人信息保护法》中，明确了可不经过自然人同意而获取或使用已经公布的个人信息情形的正当性。在我国台湾地区，针对特殊个人资料收集的免予告知及信息利用的规则进行了详细规定。尽管针对个人信息保护的立法和规则存在一定差异，但是针对个人信息合理使用情形的规定则存在一些相通之处，即在限制自然人的个人信息权益时，主要是基于如下三方面原因：一是基于维护公共利益的需要；二是基于保护民事权益的需要；三是基于合法公开个人信息的需要。

民法的基本原则是民事主体进行民事活动的基本准则。《民法典》规定在实施民事活动时应遵循公平、诚信和公序良俗的原则，民事主体在行使权利时应注重履行相应的义务，不能侵害其他合法权益。由于合理使用个人信息等行为本身就是一种民事活动，为此，应遵循上述基本原则要求。同时，《民法典》的相关规定对个人信息权益也进行了相应的限制，并对免责事由进行规定，如对受害人故意及自助的行为，以及对自然人的个人

---

[1]　刘迪. 现代西方新闻法制概述 [M]. 北京：中国法制出版社,1998:119.

[2]　齐爱民，盘佳. 数据权、数据主权的确立与大数据保护的基本原则 [J]. 苏州大学学报（哲学社会科学版）,2015,36(1):64-70+191.

[3]　郑永宽. 人格权的价值与体系研究 [M]. 北京：知识产权出版社,2008:162.

信息权益方面也存在权利限制。如何在充分利用个人信息的同时，实现对个人信息的有效保护，对此的协调，我国《民法典》已经进行明确规定。[1] 其中针对个人信息合理使用情形，分为如下三类：第一种情形是维护公共利益；第二种情形是保护个人信息权益主体自身的合法权益；第三种情形是合理处理已合法公开的个人信息。对《民法典》规定的此三种情形，还需要进行明晰和探讨。

二、信息流通下的合理使用免责

个人信息的财产价值需通过信息流通来实现。学者威斯汀与米拉就进行过深入解读，他们指出在信息时代背景下，主体人格利益主要体现为对与之存在相关信息传播进行控制。[2] 个人信息存在相应的商业价值决定了其具有一定的财产因素，可作为财产进行利用。[3] 进入信息社会后，个人信息的重要性越发凸显，其他经济主体基于实现自身利益最大化的需要增加了利用他人个人信息的这种可能性，而这种商业利用很容易导致个人信息权益遭受侵害。保护个人信息需要促使信息得以自由流通，同时能实现合法使用，这是对个人信息进行保护体现出来的重大价值。[4] 是故，权利人的支配与控制不能阻碍信息合法使用和安全流通。[5] 信息流通的价值还体现在通过信息交流来促使信息使用，为推动科学技术实现发展提供信息支持。关于个人信息的自决权，或者个人信息的控制权，不能直接界定为个人能全面且决定控制数据。[6] 当然，也不能理解为禁止使用及共享个人

[1] 程啸. 论我国民法典中的个人信息合理使用制度 [J]. 中外法学, 2020,32(4): 1001-1017.

[2] 刘迪. 现代西方新闻法制概述 [M]. 北京：中国法制出版社, 1998: 119.

[3] 刘德良. 个人信息的财产权保护 [M]. 北京：人民法院出版社, 2007:3.

[4] 齐爱民, 盘佳. 数据权、数据主权的确立与大数据保护的基本原则 [J]. 苏州大学学报（哲学社会科学版）, 2015,36(1):64-70+191.

[5] 郑永宽. 人格权的价值与体系研究 [M]. 北京：知识产权出版社, 2008:162.

[6] 高富平. 个人信息保护：从个人控制到社会控制 [J]. 法学研究, 2018(3):84-101.

信息，如对此进行禁止，则会引发信息财产价值无法获得体现的问题。从法律层面厘清个人信息保护与使用的关系，还需在以知情同意规则为保护准则的基础上，认可其他人对信息主体个人信息的合理使用。

个人信息所具有的流通价值是对个人信息进行合理使用的价值基础。合理使用制度在知识产权领域较为常见，个人信息民法保护领域适用该合理使用制度也非常有必要。基于个人信息自决权的有限性，知情同意是个人信息合法使用的理由之一，同时还存在"例外情形"。[1] 在个人信息保护领域，关于合理使用规则可作如下表述，即在法律明确规定合理限度内可直接使用个人信息。个人信息合理使用规则符合时代发展需要，具有相应的正当性。传统的知情同意规则在大数据时代下显得有些捉襟见肘，在当前数据流通的背景下，过分地强调权利人的这种信息控制权会妨碍信息价值的发掘，很难实现信息利用和保护之间的平衡。[2] 合理使用制度的存在是为了平衡公共利益和个人利益之间的冲突，基于个人使用、公共领域等列举式的合理使用范围，这些情形下使用他人的个人信息是不需要以权利人的同意为必要的。我国学者曾提出合理使用的主张，如周汉华教授在《中华人民共和国个人信息保护法（专家建议稿）及立法研究报告》第四十四条规定中提到，保护信息主体重要利益等相应情形；齐爱民教授在《中华人民共和国个人信息保护法示范法草案学者建议稿》第二十六条规定中提到已公开个人信息等相应情形。[3]

个人信息的合理使用需要规范设定。个人信息具有财产利益价值，同

---

[1]　王籍慧.个人信息处理中同意原则的正当性:基于同意原则双重困境的视角 [J].江西社会科学 ,2018,38(6):177-185.

[2]　江波 , 张亚男 . 大数据语境下的个人信息合理使用原则 [J]. 交大法学 ,2018(3):108-121.

[3]　杜换涛 . 论个人信息的合法收集:《民法总则》第 111 条的规则展开 [J]. 河北法学 ,2018,36(10):34-44.

时具有流通必要性。基于此，对合理使用制度应持肯定态度[1]，并且予以明确规制：其一，基于合同关系或者类似合同关系。合同属于双方当事人的真实和自愿意思的表达，基于合同的约定，相对人可以在合同约定的范围内合理使用权利人的个人信息。其二，对于那些已经公开的信息，当事人可依法进行使用。权利人公开的信息，从某种意义上来讲是为了促进信息的交流，也可以看作对个人信息的处理方式，相对人可以基于公开的信息范围之内合理使用。其三，有更强利益支撑。当保护某种利益和个人信息出现冲突时，应优先保护更有必要保护的利益。例如，紧急情形下的使用，为了保护权利人的生命财产安全或者紧急避险等类似情形。其四，无害使用。相对人基于个人学习的目的或者为了科学技术进步及学术研究使用个人信息。此种行为是为了促进科学技术的进步或者为个人学习提供资源，不会对个人信息造成实质危险，可以在去身份化处理后予以合理使用。需要指出的是，信息最小化原则或必要性原则确实可作为核心指导理念，但在大数据时代背景下，应允许相对人的合理使用[2]，进行该合理使用需基于如下原则：一是在从事某一特定活动可以使用也可不使用个人信息时应尽量不使用；二是在必须使用并征得权利人许可时要尽量少使用；三是所获取的信息量应以满足使用目的作为必要；四是使用权利人非敏感个人信息就能达到目的时，则不应扩大收集及使用信息范围。[3]

三、公共利益下的国家使用免责

随着信息交流的日益频繁，个人在社会中的角色及数据的共享性决定了个人信息具有社会性的元素。个人信息并非只与个人利益存在关系，同

---

[1] 谢永志. 个人数据保护法立法研究 [M]. 北京：人民法院出版社,2013:19.

[2] 范为. 大数据时代个人信息保护的路径重构 [J]. 环球法律评论,2016.

[3] 郭少峰，吴鹏. 个人信息保护将出台国标　明确使用后立即删除 [N]. 新京报，2012-04-05.

时还与他人利益及整个社会利益存在关系。[1] 在网络发展及信息智能时代，带有个人身份属性的信息不仅成为推动科技进步的重要资源，也成为社会治理和企业管理的重要影响因素。当信息用来识别权利主体时，该个人信息就具有刻有某种特殊的标记，成为区别于他人的重要依据。个人信息不仅是个人进入社会的重要媒介，也是他人对信息主体的认知和熟悉的渠道，而过分地强调个人信息的私密性会妨碍信息交流和合作[2]，但失去公共管理的个人信息使用会增大人们从事不负责任社会危险行为的可能性。保护个人信息时，通常会涉及公法对公共安全等价值考量，其正当性似乎超过公法[3]，不能否认个人所具有的排他控制权，还应意识到个人参与社会活动的必要性，保护个人信息的同时，还需要兼顾国家利益，以及相应的社会公共利益。

公权控制体现了个人信息保护的正当性和必要性。在确保人格尊严获得有效维护的同时，应注重推动信息实现自由流通，并获得合理的使用[4]，信息自由流通与利用需要国家予以管理和控制。在这方面可参考知识产权制度的做法，强调保护权利主体相应权益的同时，还应促使思想成果得以自由使用，进而推动科学艺术文化的不断进步。在有效保护个人信息方面，应把关注点放在个人信息如何获得利用这个环节，使其与用户存在的隐私偏好及期待更为符合。[5] 国家基于公共管理和公益性目的往往也需要使用他人的个人信息。例如，网络案件的侦破在很大程度上是依靠个

---

[1]　高富平. 个人信息保护：从个人控制到社会控制 [J]. 法学研究,2018(3):84-101.

[2]　杨芳. 个人信息自决权理论及其检讨：兼论个人信息保护法之保护客体 [J]. 比较法研究,2015(6):22-23.

[3]　梅夏英,杨晓娜. 网络服务提供者信息安全保障义务的公共性基础 [J]. 烟台大学学报（哲学社会科学版）,2014,27(6):14-21.

[4]　SUTTON G. EU-China Personal Data Protection:Questions and Answers. The Findings of EU-China Information Society Project[E]. 2008.

[5]　LANDAU S. Control Use of Data to Protect Privacy[J]. Science, 2015, 347 (6221):504-506.

人信息的筛选和使用来确认犯罪嫌疑人的。公权控制的类型应当予以明确，并设定一定的限制。国家基于公共利益的需要可以在必要的范围内或为了履行国家层面上的义务来处理公民的个人信息。[1] 国家机关为了履行职能而使用公民的个人信息，具体包含如下几种情形。

第一，基于保护国家利益的需要。国家利益具体包括国家的安全利益与外交利益，此外还有军事利益和意识形态利益等。[2] 就类别而言，国家安全理论上包括国防安全、经济发展安全、文化艺术安全和环境安全等。《中华人民共和国国家安全法》中的国防安全包括：国防安全、重大经济发展权保障、财务、能源问题、粮食生产安全、思想工作保障、重大技术工程项目的安全保障及互联网和网络信息的安全性等。为了维护上述的国防安全要求，批准对个人信息的合理使用。例如，《中华人民共和国国家情报法》第十五条、第十六条均对此进行规定，指出根据保护国家安全的需要，可以查阅或者调取有关的档案、资料、物品。由上述法条规定可知，国家情报工作机构调取的相关资料就包括个人信息。

第二，基于维护社会公共利益的需要。社会公共利益是公民私权自由的边界之一，为此当然性地阻却了一些行为对私权干涉的违法性。[3] 社会利益着重凸显的是社会，社会与国家联系非常紧密，又与国家独立开来。[4] 利益归属的主体不同，相互之间出现冲突时必须偏向正义，注重对利益进行权衡，据此来化解存在的利益冲突问题。[5] 为了维护社会发展的集体利

[1] 张新宝. 从隐私到个人信息：利益再衡量的理论与制度安排 [J]. 中国法学,2015(3):38-59.

[2] 程啸. 论我国民法典中的个人信息合理使用制度 [J]. 中外法学,2020,32(4):1001-1017.

[3] 张红. 肖像权保护中的利益平衡 [J]. 中国法学,2014(1):266-284.

[4] 刘雅琦. 基于敏感度分级的个人信息开发利用保障体系研究 [M]. 武汉：武汉大学出版社,2015: 142.

[5] 黄茂荣. 法学方法与现代民法 [M]. 北京：法律出版社,2007:442.

益，可以合理使用个人信息。实际情况总结如下：必须维护信息安全，并按照规定使用个人信息；维护其他社会保障权益，对规章制度和对个人信息的合理使用；按照规定合理使用个人信息，以确保公平合理地分配社会资源。关于这一问题，《最高人民法院关于审理政府信息公开行政案件若干问题的规定》肯定了进行学术研究和公共教育合理使用的合理性。合理使用个人信息，维护公共利益，如维护残疾人的利益和照顾其他弱势群体的生活等。

第三，基于新闻报道与舆论监督等行为。新闻报道是指对新发生的事件进行报道，依法设立的报纸出版单位等具有新闻报道权，这种媒体的报道是社会监督的重要组成部分，对公共利益具有重要价值。因此，正当的新闻报道应当是个人信息侵权免责的事由。在舆论监督方面，则是形成公众言论并对公共事务及热点事件等予以监督与评论的活动。在过去涉及舆论监督时，一般是指新闻单位通过发表批判性言论而进行的监督。不过，进入自媒体时代后，普通用户也可以参与监督。为公共利益实施新闻报道及舆论监督等行为，可在法律规定范围内合理使用个人信息。[1]总的来说，为维护公共利益需要而进行新闻报道与开展舆论监督，这类行为在保护表达自由及维护公共利益方面具有不可替代的重要作用，为此，可依法合理使用个人信息。[2]需要指出的是，如只是追求单纯娱乐性进行的新闻报道，或对某个人的不道德行为进行的舆论监督，这本身并未涉及公共利益，此时如没有获得他人的同意，则不能使用其个人信息，否则就是一种侵权行为。

---

[1]　博登海默.法理学：法律哲学与法律方法 [M].邓正来，译.北京：中国政法大学出版社,2004:145.

[2]　程啸.论我国民法典中的个人信息合理使用制度 [J].中外法学,2020,32(4):1001-1017.

四、主体同意与信息公开的免责

传统理论认为，个人信息的处理应得到信息主体的知情同意。所谓的知情同意规则，是指数据控制者或数据处理者在收集与使用个人数据时，应获得信息主体的同意。[1] 简单而言，如在当事人不知情同意的情况下收集及使用个人信息的行为，均缺乏合法性基础，法律另有规定的则不在该规制范围内。

国内外涉及个人信息保护的立法，普遍规定要求遵循知情同意规则，如欧洲现行数据保护机制就要求信息主体同意才能使用个人信息。[2] 欧盟在 2016 年出台的《一般数据保护条例》中，就赋予信息主体的同意更为重要的地位。我国也进行过类似的规定[3]，如《民法典》尽管未明确规定信息自决权方面的相应内容，但是明确强调了权利主体具有控制及支配个人信息的权利，同时包含他人妨害等相应内容。[4] 需要指出的是，在行使个人信息权时，需以不损害信息主体权益作为前提，这是个人信息权积极特性的体现。[5] 我国从立法层面上对同意规则进行规定，体现在处理个人数据时，应以数据主体的同意作为合法性基础。在进行个人信息保护方面，

---

[1] 江波，张亚男.大数据语境下的个人信息合理使用原则 [J].交大法学,2018(3): 108-121.

[2] 高富平.个人信息保护：从个人控制到社会控制 [J].法学研究,2018,40(3):84- 101.

[3] 无论是 2012 年发布的《关于加强网络信息保护的决定》，还是在 2013 年修订的《消费者权益保护法》，或者 2013 年实施的《信息技术：公共及商用服务信息系统个人信息保护指南》，或者 2016 年推行的《网络安全法》，都对知情同意规则持承认态度。

[4] 中国审判理论研究会民商事专业委员会《民法总则》条文理解与司法适用 [M].北京：法律出版社,2017:198.

[5] 任晓红.数据隐私权 [M]// 杨立新.侵权法热点问题法律应用.北京：人民法院出版社,2000:419.

须遵循知情同意规则这个首要基本原则。[1]在具体司法实践中，也存在遵守同意规则方面的规定，如行为人在处理数据时，涉及该行为是否合法的判断上，其中的重要判断标准为是否获得数据主体的同意。在部分司法案例中，还进一步细化与强化同意规则的要求。当前已经进入大数据时代，在该时代背景下，各国就如何适用同意规则进行了深入探究及摸索。[2]但受同意效用局限性等冲击的影响，使各国在设计和适用该制度时需要对同意规则进行重新定位。

从规则自身维度来讲，知情同意规则的效用具有局限性。结合前文分析可得知欧盟、美国及我国均同意该观点，即在知情基础上就个人意愿作出表示。然而，在具体实践中，达到知情同意的难度非常大。在信息社会基于保障个人信息的社会效能获得充分发挥，在构建个人信息权体系时，已经无法做到依据个人控制来进行构建。[3]其一，同意需满足相应的前提，即个人信息需体现为透明性，只有在这个基础上要求数据主体同意，才具有相应的意义。然而实际情况是，涉及个人数据处理时很难实现透明性，原因是基于保护信息主体隐私等需要。在过去，基于时代等因素所致，收集并使用个人数据的场景并不多，在这样的社会环境下，遵循知情同意规则确实能起到预期作用。但进入大数据时代后，收集并使用个人数据的场景不断增多，加上数据处理技术发展非常快，只单纯实施一项简单的隐私政策显然无法对数据收集及使用情况进行明确。就现阶段而言，要求数据主体在知情基础上作出的同意表示显得不太现实。[4]其二，同意存在相应

---

[1] 齐爱民.拯救信息社会中的人格 [M].北京：北京大学出版社,2009:259.

[2] 王籍慧.个人信息处理中同意原则的正当性：基于同意原则双重困境的视角 [J].江西社会科学,2018,38(6):177-185.

[3] 王秀哲.大数据时代个人信息法律保护制度之重构 [J].法学论坛,2018,33(6):115-125.

[4] 杜换涛.论个人信息的合法收集：《民法总则》第 111 条的规则展开 [J].河北法学,2018,36(10):34-44.

的基础支撑即选择自由，然而在很多场景中，涉及数据处理时，数据主体和数据收集者本身就存在地位不平等问题，似乎在这种情况下自然人很难实现自由选择。而一些网络服务提供者设置的隐私政策等似乎给予信息主体相应的选择权，但实际情况是不存在选择空间。当前依赖网络服务的用户越来越多，为了获得网络服务或使用网络产品，数据主体只能选择同意，也就是没有其他的选择。再如在就业场景中，雇员相对于雇主而言处于劣势，对于雇主处理其个人数据的要求往往无法拒绝，否则就有可能会失业。鉴于此，在许多情形下同意流于形式，因而失去了实质意义。

从时代发展角度来看，大数据利用对知情同意规则产生了巨大冲击。不容置疑的是，大数据时代信息在诸多方面具有重大作用，具体包括在促使经济实现转型创新、推动政府治理能力实现提升等领域均具有重大作用。在这样的社会背景下，信息资源的重要性不言而喻，逐步形成了国家的基础性战略资源。[1]从全球视野角度来说，欧美等发达国家积极推动大数据发展，并在实践中加以运用，并为此出台相应的战略文件，为大数据发展提供必要支撑。我国也先后颁布相应的战略性文件，如《国务院关于印发促进大数据发展行动纲要的通知》等，为促进大数据发展及应用提供必要保障。在这样的社会背景下，个人信息的商业价值及社会价值越发凸显，在保护个人信息的同时，还需兼顾如何利用个人信息，确保其价值获得充分体现。

从社会基础维度角度来说，实现绝对知情同意规则难度极大，可以说几乎无法实现。在适当的场景中可以适用"同意"规则来保护个人信息，但会导致数据主体的地位被弱化的问题出现。[2]当前，信息技术发展速度

---

[1] 张新宝.从隐私到个人信息:利益再衡量的理论与制度安排[J].中国法学,2015(3):38-59.

[2] 金耀.个人信息去身份的法理基础与规范重塑[J].法学评论,2017,35(3):120-130.

非常快，加上数据应用场景频率增加，为此不太可能存在绝对的同意。首先，在脱离初始方的场景下就数据控制者而言，其如何征得数据主体的同意本身就是一个难题。其次，面对数据收集与处理方式的日益复杂化，这种复杂性超出了个体的理解能力与预期能力，如信息主体作出同意的表示，对于由此会带来哪些影响无法进行预测。可见，对于信息个体而言，其并不具备主动选择实施信息决策控制使用及共享等方面的能力。[1] 最后，从数据收集者这个角度来进行分析，由于信息技术发展速度非常快，先进行数据收集成为常态，也就是说，在还未明确数据目的的情况下，就要先进行数据收集以抢占先机，这就意味着数据控制者本身也未明确信息收集的目的。

尽管知情同意架构存在制约因素，但在目前仍是最优选择，且具有不可代替性。[2] 如果私密信息被他人知晓，则自然人的生活就会受到极大影响，其隐私权可能因此受到侵害。在个人信息中，很多信息属于隐私范畴，而隐私权所保护的客体也多处于个人信息保护范围内，二者保护的客体存在相互交错的情形。与一般信息相比，个人敏感信息应当适用较为严苛的规则 [3]，在同意规则上需要适用严格的同意规则，而一般信息无须特殊规定。[4] 在处理私密信息和非私密信息时，所遵循的规则也有所不同：一方面，未经权利所有人的同意，只能依法处理个人的个人信息。另一方面，私密信息和非私密信息在处理规则上也有所不同。在处理私密信息时，需要权利人的知情且明确同意；在处理非私密个人信息时，仅需要自然人同意或

---

[1]　王籍慧.个人信息处理中同意原则的正当性：基于同意原则双重困境的视角 [J].江西社会科学,2018,38(6):177-185.

[2]　叶名怡.论个人信息权的基本范畴 [J].清华法学,2018,12(5):143-158.

[3]　陈骞,张志成.个人敏感数据的法律保护：欧盟立法及借鉴 [J].湘潭大学学报(哲学社会科学版),2018,42(3):34-38.

[4]　汤敏.论同意在个人信息处理中的作用：基于个人敏感信息和个人一般信息二维视角 [J].天府新论,2018(2):76-82.

监护人同意即可。明确同意和同意在含义上是不同的，明确同意的要求显然更高。合理且合法宣布的个人信息包括两种主要类型的信息：一种是由信息权人主动发布的个人信息，另一种是已经通过某种合法的形式公开的其他个人信息。对于这些已经合法公开的个人信息，原则上来说可自由处理，也就是不需要告知且获得自然人的同意，这对促使信息实现流动与有效利用，推动网络信息社会及数字经济实现发展非常有利。不过如下情形则除外：一是该自然人明确拒绝这种情形；二是处理该信息导致重大利益遭受侵害。换句话说，如存在上述两种情形，则不能进行自由处理。尽管这些信息已经合法公开，但仍属于法律保护范围内，自然人具有拒绝他人处理这些信息的权利。再者，有效保护个人信息对维护人格尊严和人格自由方面意义重大。[1] 为此，这些合法公开的个人信息也不能任意处理，如果处理该信息导致自然人重大利益遭受侵害，则需为此承担相应民事责任。[2]

个人信息的许可使用与一般许可存在很大区别。对信息主体而言，其对他人使用其个人信息持许可态度，这与人格或人格权实现商业化是两种不同的概念。个人信息形成收益与其具有财产性要素有关，正是因为存在该要素，使得在使用个人信息过程中存在相应的收益。[3] 即便是在获得同意使用个人信息及个人信息已经公开这种情形下，行为人在利用个人信息时，也需遵循合法性原则与安全性原则。其中合法性原则体现在行为人收集与使用个人信息时需符合法律规定。而在安全性原则方面，是个人信息收集者及持有人应注重借助相应措施来确保个人信息系统的安全性，避免

[1] 张新宝. 从隐私到个人信息：利益再衡量的理论与制度安排 [J]. 中国法学 ,2015(3):38-59.

[2] 程啸. 论我国民法典中的个人信息合理使用制度 [J]. 中外法学 ,2020,32(4):1001-1017.

[3] 叶名怡. 论个人信息权的基本范畴 [J]. 清华法学 ,2018,12(5):143-158.

出现个人资料被他人不当利用及出现灭失等问题。[1] 在当前的社会背景下，网络技术高速发展，使个人信息安全受到的挑战更大。此外，在个人信息保护过程中还要坚持平衡原则[2]，既要注重对个人信息进行有效保护，也要促使个人信息实现合理流动，在这个过程中应注重保护公职人员的个人信息。因为公职人员本身是公民，其个人信息也应获得相应的保护。一旦未加以保护，直接把公职人员的个人信息公布于网络等平台，他人便可据此了解并掌握公职人员的社会状态等，如被社会上的不法分子利用，则可能会引发公职人员合法权益遭受侵害等问题。为此，从这个角度来说，在保护个人信息方面，也应注重保护公职人员的个人信息。

[1]　杜换涛.论个人信息的合法收集:《民法总则》第 111 条的规则展开 [J].河北法学 ,2018,36(10):34-44.

[2]　张新宝.从隐私到个人信息:利益再衡量的理论与制度安排 [J].中国法学,2015(3):38-59.

第五章　侵害个人信息的民事责任承担

　　如何在现有法律结构下，科学处理公民合法权益受损害的问题，理解、认识并适用有关法律规定，将会发展成为学术界的一项基本工作任务。[1]侵害个人信息的救济体现为侵权人的责任承担，侵害个人信息的责任承担方式主要包含损害赔偿和非损害赔偿两种方式。本章对侵害个人信息的非损害赔偿责任进行了理论探讨，并针对财产损害赔偿、精神损害赔偿及惩罚性赔偿体制构建提出完善思路。损害赔偿是为了补偿权利方受到的经济损失，实现侵权系统性保护[2]，但权利人财产损失往往难以获得弥补。而精神损害赔偿是否适用于个人信息侵权领域存在诸多争议，仍面临适用门槛过高和数额难以确定等诸多问题。当前民事责任的体系并没有发挥应该具有的抑制作用，是否能够针对侵害个人信息适用惩罚性赔偿及如何适用亟待我国理论研究予以解决。基于此，针对侵害个人信息的民事责任体系还需进行系统化研究和构建，以适应大数据时代信息权人的权利挑战与利益保护。以此为出发点，本章从损害赔偿责任与非损害赔偿责任两个维度探究侵害个人信息权益的民事责任体系问题。

---

[1]　张红.《侵权责任法》对人格权保护之述评 [J]. 法商研究 ,2010,27(6):32-35.

[2]　王利明 . 个人信息如何保护 [J]. 当代贵州 ,2015(26):63.

第一节　侵害个人信息的财产损害赔偿责任

　　无论是损害计算的标准，还是赔偿金额的确定，针对个人信息的财产损害赔偿责任的实现在当前仍面临很大的困难。损害他人个人信息的财产利益需要担负多大的损害赔偿责任呢？民法上的损害赔偿责任具有填补性，因此在明确侵权方的财产损害赔偿数额以前，需先明确受害方的财产利益所受到的损失程度。就个人信息保护来说，每个自然人的社会影响、实际经济情况、受教育水平不尽相同，由其形成的个人信息及其所蕴含的价值也呈现多样化。[1]

一、侵害个人信息的财产损害赔偿的现实困境

　　在实践中，侵害个人信息的损害赔偿若只按照个人信息所蕴含价值大小来认定赔偿数额是难以实现的。一方面，由于信息主体不同，相同类型的个人信息（如身份证号、血型、联系电话等）所蕴含的财产价值应当有所差异。另一方面，个人信息真实价值的判断并非易事，如何明确受害方所受到的财产利益经济损失成为一个关键性问题。截至今天，除了《民法典》规定的一般民事法律义务及侵权责任的要求，财产责任方式在个人信息权领域呈现真实经济损失难以认定的境地。当国家政府机关组织部门及专业工作者在行使权力时，其违法行为损害个人信息权并导致权利方经济财产损耗的，也应当进行相应赔偿。[2] 在《中华人民共和国国家赔偿法》还未作规定时，信息权人与公权力机关组织间的矛盾应当怎样处理和解决

---

[1]　杨立新.个人信息：法益抑或民事权利——对《民法总则》第111条规定的"个人信息"之解读 [J].法学论坛,2018,33(1):34-45.

[2]　国家政府机关组织部门造成的赔偿，应该适用《国家赔偿法》的相关规定。但我国现有《国家赔偿法》规定了可获取赔偿的人身权受损害情形，并不包括个人信息侵权。

呢？这个问题值得我们去探讨。

就财产赔偿责任来讲，侵害个人信息所导致的是财产损耗情形。[1]我国《民法典》规定了损害赔偿的具体方式，此外《最高人民法院关于审理利用信息网络侵害人身权益民事纠纷案件适用法律若干问题的规定》中规定："被侵权人因人身权益受侵害造成的财产损失或者侵权人因此获得的利益无法确定的，人民法院可以根据具体案情在 50 万元以下的范围内确定赔偿数额。"实践中存在很多案件，原告可能不存在因个人信息被损害而遭受实际损失，在很多情形下加害人即使实行了损害个人信息的行为，受害方却没有证据来证明其经济财产损耗。对于个人信息本身是否属于财产，是否具有价格报价及如何确定价格报价，仍然存在分歧。因此，根据此要求对个人信息的损害进行赔偿的可能性很小。有损害才有赔偿，无损害无赔偿。损害赔偿的最大功能是为了弥补受害人因为被侵权而造成的损失，而侵权法中的损害赔偿往往具有补偿性。在目前的信息社会环境下，个人信息不仅彰显了信息主体的人格利益，其经济价值也不容忽视。[2]个人信息在各种商业组织机构的生产加工全面处理下逐步产品化，使其在市场经济中被广泛交易。

二、《民法典》中财产损害赔偿的规则修正

《民法典》对财产损害赔偿规则的调整主要集中在调配侵权损害赔偿模式方面。

一方面，修改侵害人身合法权益损害赔偿数额的计算模式。侵害他人人身合法权益导致经济财产损害的，根据被侵权方因此而受到的经济损失或侵权方因此获取的利益赔偿。其修改内容是把前者根据受到的经济损失

---

[1] 李永军.论《民法总则》中个人隐私与信息的"二元制"保护及请求权基础 [J]. 浙江工商大学学报,2017(3):10–21.

[2] 齐爱民.大数据时代个人信息开发利用法律制度研究 [M]. 北京:法律出版社,2015: 45.

或根据获取的利益计算损害赔偿的先后顺序递进发展模式转变为选用模式，把选用权交付给被侵权方行使，进而更加有助于保护权利方的权利。根据《侵权责任法》的规定，第一步根据第一类模式计算，被侵权方的经济损失很难明确，才根据侵权方因此获取的利益计算。《民法典》则把选用权给予被侵权方，由被侵权方选用，用哪一类模式计算对自己有益，就选用哪一类模式计算。这样一来，就可以充分保障被侵权方的法定权益，而且使侵权方因侵权行为活动不可以获取非法违规利益。《民法典》修改调整前后的差别是把计算模式的三个层次修改成两个层次，降低了繁杂程度，把被侵权方因此受到真实经济损失与侵权方因此获取的利益并列在一起，由原始的先后顺位相互关系，修改成由权利方展开挑选的相互关系。究竟是选用前一类模式还是选用后一类模式计算经济损失数额，被侵权方有选用权，参考依据自身的实际利益做出选用，并不是由侵权方展开挑选。

另一方面，把公平分担经济损失规则适用于法律规定的情形。《民法典》第1186条将《侵权责任法》第24条规定的"根据实际情况，由双方分担损失"调整为"依照法律规定，由双方分担损失"，严格限定了公平责任原则的适用情形。根据《民法典》规定，法官对公平责任原则的适用不再拥有过大的自由裁量权，仅把法律作为公平责任原则的适用依据。《侵权责任法》没有重点强调按照法律的要求规定，而是参考依据真实状况由双方分担经济损失。《民法典》把参考依据真实状况修改成按照法律规定，这表明不仅要满足本条规定要求，而且须按照法律规定适用公平分担经济损失规则。对双方当事者的经济损失展开分担，也就是明确公平法律责任不是侵权损害赔偿的一般性基本规则，而是需要按照法律相关规定才可以合适应用的基本规则。应该特别关注的是分担经济损失基本规则还没有提出请求权，需要在法律具体规定要求的条文里提出请求权，所以公平分担经济损失基本规则，不能够滥用。

三、侵害个人信息财产损害赔偿的"法定赔偿"

法定赔偿制度在我国主要见诸知识产权领域，并且经历了很长的时间才逐步确立。《最高人民法院关于审理专利纠纷案件适用法律问题的若干规定》第二十一条："被侵权人的损失或者侵权人获得的利益难以确定，有专利许可使用费可以参照的，人民法院可以根据专利权的类别、侵权人侵权的性质和情节、专利许可使用费的数额、该专利许可的性质、范围、时间等因素，参照该专利许可使用费的 1 至 3 倍合理确定赔偿数额；没有专利许可使用费可以参照或者专利许可使用费明显不合理的，人民法院可以根据专利权的类别、侵权人侵权的性质和情节等因素，一般在人民币 5000 元以上 30 万元以下确定赔偿数额，最多不得超过人民币 50 万元。"[1]

个人信息作为权利客体，也具有非物化客体的通病，其损害有时不会导致信息权人资产的减少，通常无法完成危害结果的确定和计量，由于个人信息可重复利用，因此互联网大数据应用所带来的经济利益是无法估量的。[2] 法定赔偿方式作为财产损害赔偿中的重要组成部分，能够有效地避免所受损害及违法所得难以计算而带来的尴尬。

一方面，法定赔偿能提升诉讼效率。被侵害对象具有支配性使用价值和财产价值，法定赔偿制度具有双向目的。当具体损失无法准确计量且侵

---

[1] 我国《商标法》第六十三条："侵犯商标专用权的赔偿数额，按照权利人因被侵权所受到的实际损失确定；实际损失难以确定的，可以按照侵权人因侵权所获得的利益确定；权利人的损失或者侵权人获得的利益难以确定的，参照该商标许可使用费的倍数合理确定。对恶意侵犯商标专用权，情节严重的，可以在按照上述方法确定数额的一倍以上五倍以下确定赔偿数额。赔偿数额应当包括权利人为制止侵权行为所支付的合理开支。"《著作权法》第五十四条规定："侵犯著作权或者与著作权有关的权利的，侵权人应当按照权利人因受到的实际损失或者侵权人的违法所得给予赔偿；权利人的实际损失或者侵权人的违法所得难以计算的，可以参照该权利使用费给予赔偿。对故意侵犯著作权或者与著作权有关的权利，情节严重的，可以在按照上述方法确定数额的一倍以上五倍以下给予赔偿。"

[2] 杨立新. 个人信息：法益抑或民事权利——对《民法总则》第 111 条规定的"个人信息"之解读 [J]. 法学论坛,2018,33(1):34-45.

权人的个人权益未知时，可以向受害人提供赔偿；而当法律规定对危害较小或利润较少的侵权责任进行赔偿时，则具有增加赔偿的作用。当无法计算损害时，赔偿效用取决于核查难度，可合理地减少对个人信息权的损害，确保裁决准确性。而对财产损害无法进行准确的统计分析和精确计算时，则会导致申请起诉过程中的成本增加。

另一方面，法定赔偿能够缓释举证难度。直接证据是民事诉讼的关键要素，是能够单独且直接说明案件主要事实的证据，是起诉书的重要组成部分，也是法官评估客观事实和法律适用的有效依据，是民事诉讼的提出必要证据。由于获取个人信息的方法和损害个人信息权的直接证据非常艰难，因此起诉人很难获得书面形式的直接证据。尤其是大多数直接证据由被告方掌握，双方地位不平等、资源不对称性，以至于被侵权方很难对被告方的信息财产价值进行评估，估算赔偿金额，更无法提供相关依据对侵权进行确定。在个人信息损害中，确定受害者的财产损失与侵权方的非法收入是人民法院准确定位侵权内容的重要依据。法律规定赔偿制度预先设定赔偿金额就是在难以确定受害人的实际损害和侵权方违法所得时，法官可以根据侵权行为情节、主观过失和其他因素，在法律规定赔偿额内确定赔偿数额。在此过程中，仅针对直接证据的程度和可能性进行区分，可以合理地减轻受害者对客观因素和程序标准的依赖。

知识产权领域中关于损害赔偿方面的理论和实践是个人信息保护中构建法定赔偿制度的重要依据。侵害个人信息案件中，普遍存在原告诉求混乱，以至于法官出现裁判重心不明的现象。在财产损害难以证明的情形下，信息权人依据起诉方式维护自身合法权益的阻力过大，从而打击权利人寻求司法保护的动力。法律规定赔偿具有补充性作用，在损害不明确的情况下，法定赔偿方法位于侵权损失赔偿之后，可以填补其空白。法律规定赔偿是不基于侵权损失而计算赔偿的方法，它可以有效地减缓当事人因自身的劣势而产生的诉讼紧张，降低因计算不准确而导致的错误司法判决的可能性。在我国当前法律体系下，在没有明确损失数额及获利情况的情形下，赔偿请求一般不会得到支持，被告可以自主选择，人民法院可以根据自己的权力使用两种方法。

为了解决这种困境，我国相继颁布并实施了一系列规定以厘清司法制度中的赔偿制度，法定赔偿制度可基于个人信息侵权特殊性而定。构建法定赔偿的内容需要科学规范，特别是赔偿数额的确定，不仅关乎侵权人和被害人的权益，而且与互联网行业的发展趋势直接相关。考虑到救济和惩戒的目的，个人信息侵权的法定赔偿额不应该设置最高限额，但随着小额损害的出现，可以为其设定下限，设置最低额。在建立损害个人信息实际赔偿的参考标准的情况下，不仅依赖于对人身自由权所隐含的精神和实质性权益价值的把握，还需要在权利保护和侵权人行为自由之间进行衡平，适用法定赔偿额来寻求权利人和信息利用者之间的平衡与和谐点。

第二节　侵害个人信息的惩罚性赔偿责任

惩罚性赔偿虽然属于损害赔偿范畴，但属于原告享有的特殊救济，该制度的主要作用在于防止特殊领域中侵权行为对权利人的过度损害。惩罚性赔偿责任制度具有两面性[1]，它在惩罚侵权人、保护权利人的同时，也面临被滥用的风险。针对个人信息侵权的特殊性及损害结果的不可挽回性，适用惩罚性赔偿符合我国当前保护个人信息的实践要求和现实紧迫性。但惩罚性赔偿的滥用会刺激受害方谋求利益的冲动，因而扩大惩罚性赔偿责任的适用范围还是应该慎重，不可贸然予以拓展。

一、传统民法上的惩罚性赔偿责任

惩罚性赔偿制度源于英国人民法院的裁决，是指法院参考依据行为方

[1] 彭俊良.侵权法律责任法论[M].北京：北京大学出版社,2013:136.

在主观上所呈现的恶性程度，是在真实损害数额外对受害方作出的特殊补偿。惩罚性赔偿制度在美国得到了较好的应用和发展[1]，随着其发展与进步，不仅对美国法形成了影响[2]，其优越性也被其他国家认可和接受。美国的惩罚性赔偿制度具有自身的独特性和特征，主要表现在：第一，惩罚性赔偿需要有明确的财产损害，而且在计算赔偿数额时需要以财产损害赔偿的数额为基础。这在一定程度上体现了惩罚性赔偿与当事人的现实损害之间的一种相关性，但这类关联性的判断具有浓厚的主观色彩。例如，加利福尼亚州法院就要求适用惩罚性赔偿需要损害达到严重性标准。[3]第二，惩罚性赔偿的适用在主观上需要当事人恶意的主观要件。[4]第三，惩罚性赔偿金具有明确的用途。例如，犹他州规定，惩罚性赔偿超过2万美元的，其中的50%归州政府财政部门；佛罗里达州规定，惩罚性赔偿的65%归原告，35%归州政府；佐治亚州规定惩罚性赔偿的75%归州政府，其余属于原告。[5]第四，惩罚性赔偿的数额往往有一定的限制。例如，美国印第安纳州就规定在适用惩罚性赔偿金时应当严格限制数额，最大额不可以超过5万美元。

传统民法赔偿的初衷并非为了惩罚行为人，而是为了弥补受害方所遭受的损害，受害方不应当在侵权行为中获利。有学者指出能够通过完善我国的财产损害和精神损害赔偿的体系来对受害方实现全面保护，惩罚性赔偿需要严格限制其适用范围和领域，我国并不具备适用惩罚性赔偿制度的

---

[1]　Malzof V.United States,112 S.Ct.711,715(1992).

[2]　一般认为,惩罚性赔偿制度主要应当适用于侵权案件,但在美国法中,这一制度被广泛地应用于合同纠纷,在许多州甚至主要适用于合同纠纷。Timothy J. Phillips, "The Punitive Damage Class Action:A Solution to the Problem of Multiple Punishment",1984 U.Ill.L.Rev.153.

[3]　See Donnel v.Lara,703 S.W.2d 257(Tex.App.San Antonio 1985).

[4]　王利明.美国惩罚性赔偿制度研究 [J].比较法研究,2003(5):1-15.

[5]　资料来源：北京仲裁委员会网站，王利明教授的《美国惩罚性赔偿制度研究》一文。

基础和条件。[1] 惩罚性赔偿制度在我国经历了从无到有的过程，并且在损害赔偿体系中发挥着越来越重要的作用。我国于 1993 年颁布的《消费者权益保护法》，首次以特别法的形式确定了惩罚性赔偿制度。[2] 我国关于惩罚性赔偿的规定不仅打破了人们长久以来信奉"惩罚性赔偿是英美法系的专属，大陆法系不适合"的观念，还明确了惩罚性赔偿的适用规则。但此时的惩罚性赔偿仅针对因为违约而产生的责任，并未适用在侵权领域。2009 年，我国《侵权责任法》第四十七条明确规定了惩罚性赔偿制度，将该制度由违约责任的领域引入侵权责任领域中来。此时的惩罚性赔偿制度担负的任务逐渐由保障合同稳定性转为对恶意侵权人的惩戒，并应用于恶意产品侵权导致死亡或健康严重损害的情形。自此之后，侵权惩罚性赔偿责任的范围有一定扩增。[3] 不过，上述基本规则整体上还是严格限制在原《侵权责任法》作用范围内，扩增部分是恶意提供服务导致消费者人身严重损害的惩罚性赔偿责任。

我国《民法典》扩增了侵权惩罚性赔偿责任的适用范围。[4] 在以前的侵权责任标准规范里，惩罚性赔偿没有在《侵权责任法》总则条文里规定，而是在具体侵权法律责任种类里规定，上述相关侵权惩罚性赔偿法律责任基本规则是具体规定，并不是一般性规定。《民法典》侵权责任编首次规定了侵害知识产权的惩罚性赔偿，这意味着在知识产权保护中对侵权行为活动采用更为严肃的态度，课以更为严格的责任管制，让侵害知识产权行为方承担责任的标准不仅参考依据侵权行为活动所获取的利益，还要担负

---

[1] 孙效敏. 奖励制度与惩罚性赔偿制度之争：评我国《侵权责任法》第 47 条 [J]. 政治与法律,2010(7):89-97.

[2] 资料来源：人民网《专利法修订引入"惩罚性赔偿"值得期待》一文。

[3] 《消费者权益保护法》《食品安全法》在修改时，增加了惩罚性赔偿责任的范围，提升了数额标准。

[4] 《民法典》侵权责任编在侵权损害赔偿基本规则的修改调整完善方面，主要增加了侵权损害的惩罚性赔偿模式。

更为严格的责任，为自己实行侵权行为活动的后果付出更大的经济代价，以抑制损害知识产权行为活动的不断蔓延。《民法典》不仅增加了损害知识产权的惩罚性赔偿责任，而且在污染破坏生态环境、损害生态法律责任中，对故意实行的这类侵权行为活动也增加了相关规定，逐渐扩增了适用范围。[1]

二、侵害个人信息惩罚性赔偿的依据

惩罚性赔偿制度并不是对传统赔偿体制的否定。惩罚性赔偿制度的设计需参考社会实际状况要求进行合理制度设计，使其既能够发挥积极效用，又不至于产生负面影响。当前，我国惩罚性赔偿制度适用需严格限制在具备必要性、争议最低及可执行性领域。[2]侵害个人信息的责任体系中引入惩罚性赔偿具有其合理性。

第一，从现行法的系统性角度分析，惩罚性赔偿制度与我国当前法律系统是相适应的。我国对惩罚性赔偿制度保持审慎适用态度，基于个人信息侵权的特殊性及损害后果的严重性，在不影响当前法律责任体系下可以适用惩罚性赔偿，在民事领域引进惩罚性赔偿体制并没有破坏传统类型民法强调的利益衡平。个人信息侵权救济中的惩罚性赔偿制度可以弥补我国当前损害赔偿体系的不足。由于个人信息保护的现实困境，惩罚性赔偿的引入可以更好地防范风险，增强对权利主体的保障。

第二，从惩罚性赔偿的制度效果来看，其可以弥补补偿性赔偿的不足。传统民法上的补偿性赔偿具有填补功能，主要针对受害者所遭受的实际经济损失；惩罚性赔偿属于实际损失外给予的特殊补偿，具有惩戒功能，二者具有互补性。此外，与补偿性赔偿比较，惩罚性赔偿具有特定优势：在

---

[1]　截至当前，我国的惩罚性赔偿责任制度主要体现在对生命权、健康权、知识产权和生态环境领域中。

[2]　张新宝，李倩．惩罚性赔偿的立法选择 [J]．清华法学，2009,3(4):5-20.

目的和功能层面,惩罚性赔偿通过惩罚手段不仅是补偿受害方的实际损害,而且是通过严格措施来抑制侵权行为以实现保护权利人利益之目的[1];在组成要件层面,惩罚性赔偿亦需要真实损害的发生,但并不是以真实损害为唯一标准,除此之外还需考量加害人主观过错、赔偿水平、手段方式及动机等多种因素;在赔偿数额层面,惩罚性赔偿并没有明确的赔偿限额,但惩罚性赔偿的数额往往会超过补偿性损害赔偿,在通过补偿性赔偿很难补偿受害方经济损失的情况下,实现受害人财产利益的实现。

第三,从惩罚性赔偿的社会效果来看,其可提升受害方维护合法权益的积极性和主动性。惩罚性赔偿会让侵权方在受害方实际经济损失之外担负更重的赔偿责任,不仅可以实现对侵权者的震慑,还可以在一定程度上防止侵犯个人信息行为的发生。现阶段,个人信息侵权行为逐渐呈现隐蔽性,造成权利人无法及时发现损害事实。侵权人愿意担负较轻的法律责任来换取更多利益,侵权人虽然侵害众多权利人的个人信息,但其违法成本较低,从而加剧了侵害行为的发生频率,造成损害后果的扩大。在司法实践中,由于权利人在维权过程中想要获得赔偿而投入的时间成本、财产成本与所获得的实际赔偿相比,相差甚远,因此权利人在大多数情形下不愿意提起诉讼,以致侵权方得以逃避法律责任。侵害个人信息的救济中引入惩罚性赔偿能够增加侵权人的违法成本,亦可以激励权利人提升维权的积极性,有助于维护信息权人的合法权益。

三、侵害个人信息惩罚性赔偿的适用

我国现行法并没有规定个人信息侵权适用惩罚性赔偿的构成要件,与传统财产损害赔偿相比较,惩罚性赔偿构成要件具有其特殊性。[2]从知识

---

[1]　高圣平.比较法视野下人格权的发展:以美国隐私权为例[J].法商研究,2012,29(1):32-37.

[2]　彭俊良.侵权责任法论[M].北京:北京大学出版社,2013:137.

产权领域适用惩罚性赔偿的实践来看，两个条件至关重要：第一，侵害行为的主观故意。主观上的故意强调侵权人明知道他人享有知识产权而实行侵权行为，过失行为损害知识产权不适用惩罚性赔偿法律责任。第二，侵害行为的情节须达到严重程度。情节严重主要考量形式与后果两个因素，客观上达到两个要素的严重标准，惩罚性赔偿方可得到支持。

侵害个人信息的救济中惩罚性赔偿要件包含两个层面：从主观方面分析来看，惩罚性赔偿在主观上针对的是恶意性侵权。[1] 侵权人主观上故意往往表现为追求内心所期望的损害后果，惩罚性赔偿制度这种严厉的责任制度是为了阻止潜在的侵权行为，以避免侵权人对信息权人具有潜在性的伤害。如果侵权人仅仅是由于过失而导致的信息权益损害则不具备适用惩罚性赔偿条件，在此也排除重大过失。侵权人主观上的恶性故意可以通过侵权人实施侵权行为的目的，以及对所掌握信息实施行为的恶性程度来判断。从客观角度分析来看，惩罚性赔偿需要侵害行为造成严重损害后果。惩罚性赔偿金的适用以真实财产损害为要件，这种财产性损害主要包含受害人因侵权人行为导致的积极财产减少，同时包含消极财产。在损害最终结果的理解和认识上，其作用范围主要包含：受害人自身实际的人身与经济财产损失，经济损失可以是直接经济损失，也可以是间接经济损失，一旦产生最终结果，就能够适用惩罚性赔偿。其中急需处理和解决的问题就是受害方对受到的损害如何举证，而且怎样以财产损害的方式予以明确。事实上，一旦受害方可以举证证实受到了行为方的损害，就可以诉称受到了经济损失。任何损害他人个人信息的行为活动只要实行，受害方一定会受到经济损失，就能够认证受害方必然会受到损害，除非受害方未就此提出赔偿申请。

赔偿数额是惩罚性赔偿能否发挥作用的核心因素之一。从域外实践来看，美国惩罚性赔偿制度设计的目的除了考量充分保障受害方合法权益要

---

[1]　陈聪富 . 侵权归责原则与损害赔偿 [M]. 北京：北京大学出版社 ,2005:203.

求以外，社会公共利益也是该制度重要的价值维度。例如，美国佛罗里达州将惩罚性赔偿的数额限定在不可以超过补偿性赔偿金的 3 倍。[1] 我国现行法中亦有关于惩罚性赔偿数额的规范。侵害个人信息的惩罚性赔偿数额应划定区间以明确赔偿标准，此目的不仅保障惩罚性赔偿的震慑功能，又不致机关或者企业在处理个人信息问题上存在过大担忧。

从整体设计规划思路来分析，惩罚性赔偿金数额与补偿性赔偿金具有关联性。具体来讲，是将侵害个人信息的补偿性赔偿金作为参考依据，综合衡量在侵权过程中的恶性程度予以确定。[2] 依据行为人主观恶意大小，在衡量实施手段的恶意程度的基础上，综合衡定侵权方对权利方侵害的损害值。虽然这样能有效地明确个人信息侵权的惩罚性赔偿金额，但是针对惩罚性赔偿金额是有最高上限的，对惩罚性赔偿金设置的最大限额应参考依据社会上同类案件统计信息后，依据比例原则来科学合理地明确惩罚性赔偿金比重。惩罚金的数额过高会使侵权方的压力过重，与此同时，还可能促使权利方因此获取不合理的利益，由此导致适用惩罚性赔偿体制的作用效果适得其反，不利于停止纠纷，也会使权利方失去主张权利的初衷，更不利于惩罚性赔偿体制的实行。

就个别案例赔偿数额来说，允许原告在法定赔偿数额与真实受到经济损失赔偿之间展开选择。司法应用实践中，受害方受到损害实际状况下适用惩罚性赔偿，也客观存在如下矛盾问题：补偿性财产损害赔偿没有参考标准，只能由法官全方位思考多种影响因素来明确，法官自由裁量权的应用并非妥当。但是受害方如果主张惩罚性赔偿，要就侵权方与损害最终结果展开举证，这对受害方而言是非常困难的。某些受害方有可能会提出太高数额，而某些受害方有可能会提出太低的数额，使法官很难裁决。惩罚

---

[1] 资料来源：北京仲裁委员会网站，王利民教授的《美国惩罚性赔偿制度研究》一文。

[2] 彭俊良.侵权责任法论 [M].北京：北京大学出版社 ,2013:137.

性赔偿数额不应该太高，若赔偿额和常人的理念差别距离太远，脱离我国实际国情，则很难被普通民众认可与接受，况且一旦侵权方无力支付也容易导致裁决很难执行。但惩罚性赔偿数额又不可以过低，不然就不能发挥惩罚的影响。从我国当前的真实状况分析，最好的方法是各地依次制定参考标准，由各级地方法院结合当地实际状况制定较为科学合理的数额。所以，结合法定赔偿体制能够由法律事先设定一个最小数额的赔偿金。与此同时，为大力发挥惩罚性作用的功能，应以补偿性的赔偿金为基数在国内统一最高数额，规定不可以超过补偿性赔偿金的多少倍，建立综合的损害赔偿系统。

第三节　侵害个人信息的精神损害赔偿责任

侵害个人信息如果导致了对受害方的合法隐私权利、名誉权甚至生命权等人格权的损害，一般会形成精神损害赔偿法律责任的问题。[1] 个人信息本身具有复杂性，不仅涉及人格权和财产利益，而且客体也呈现出不确定性，而这种复杂性导致了侵权行为的表现形式和损害后果也不尽相同。精神损害并不具备金钱性质，而精神损害赔偿却要求运用金钱方式来安抚受害方并且管制侵权方。在个人信息侵权中很难明确精神损害的赔偿数额，在个人信息保护中适用精神损害赔偿并非易事。

一、我国精神损害赔偿责任的适用困境

我国《侵权责任法》规定："侵害他人人身权益，造成他人严重精神

---

[1]　程啸.论侵害个人信息的民事责任[J].暨南学报(哲学社会科学版),2020,42(2):39-47.

损害的，被侵权人可请求精神损害赔偿。"《最高人民法院关于确定民事侵权精神损害赔偿责任若干问题的解释》（以下简称《解释》）确定精神损害的范围。但我国精神损害赔偿制度具有较高的适用门槛，并且具有从严解释的趋势。[1] 具体表现为：在适用对象上，只有人身权受到伤害时才能主张[2]，其他人格权并没有主张精神损害赔偿的资格；在适用条件上，精神损害赔偿要求侵害达到严重的后果，此种严重后果往往是人身的器质性损伤所带来的；在考量因素上，精神损害赔偿并不是简单的数额计算的问题，而是法官在自由裁量权范围内综合考量多种因素确定。现行法中精神损害赔偿额计算模式实为酌定赔偿法，也就是全方位考量每项影响因素，由法官明确具体赔偿数额。《解释》中的酌定赔偿过分依赖法官的自由裁量，极易导致判决按照法官的主观而定，在一定程度上会影响司法的公正性和权威性。我国地方性法律法规及解释中，亦有对精神损害赔偿的规定。[3] 通过分析我国当前的地方性文件，各地对精神损害侵权类型分类标准不同，各地确定损害赔偿的数额或数额的幅度没有说明产生依据，且各类规定出台年份较早，不符合当下社会经济发展水平。

但个人信息精神损害赔偿仍面临适用门槛过高和数额难以确定两个方面的制度困境：一方面，精神损害赔偿的适用标准仍然很严格。我国对精神损害赔偿的适用规定了较为明确的范围和标准[4]，适用精神损害赔偿的范围主要包含人身损害、具备独特人格价值物品等情形，除需要满足以上

---

[1] 张红.《侵权责任法》对人格权保护之述评 [J]. 法商研究 ,2010,27(6):32-35.

[2] 王泽鉴 . 人格权法：法释义学、比较法、案例研究 [M]. 北京：北京大学出版社 ,2013:253.

[3] 例如，河南规定精神损害赔偿数额在 2 万元以下酌定；山东则规定一般性精神损害赔偿参考标准为 1000~3000 元，严重精神损害赔偿参考标准为 3000~5000 元；四川省将侵犯精神性人格权利的金额界定为 500~50000 元；重庆规定精神损害赔偿总金额通常小于等于 1000 元，情节恶劣、后果严重的赔偿则为 1000~5000 元。

[4] 王泽鉴 . 人格权保护的课题与展望——人格权的性质及构造：精神利益与财产利益的保护 [J]. 人大法律评论 ,2009(1):51-103.

的范围要素外，还需要达到一定的标准，那就是需要因为损害行为而导致受害人的精神痛苦达到严重的程度，这种精神损害的严重程度需要法定，而不是根据当事人的臆断。但是精神损害赔偿范围和标准的严格限定在个人信息权侵权领域中对受害人是不利的，此种模式下难以起到实质意义上的救济，因此个人信息的精神保护就失去了意义。另一方面，在个人信息侵权法律责任里的加害方恶意侵权行为活动，与之对应的却是低廉的补偿成本费用，受害者所遭受的这种人格利益损失往往很难通过具体的标准予以确定，同时人格利益往往呈现损害微小的特性，大多数情形下不符合精神损害赔偿的适用条件，无法得到应该具有的救济补偿。我国《侵权责任法》中的精神损害赔偿是从受害方的精神痛苦层面考量[1]，但并未将精神痛苦程度包含在内。

二、《民法典》中精神损害赔偿的制度演进

我国《民法典》扩增了精神损害赔偿的范围，主要体现在两个方面：一方面，确定了违反约定损害赔偿中的精神损害赔偿。在以前的司法应用实践中，不准许在违反约定法律责任中提出精神损害赔偿申请，这是两个不相同的民法行业领域。假如违反约定行为活动导致受害方人格利益损害时，应该按照《中华人民共和国合同法》对违反约定法律责任和侵权法律责任竞合的要求规定，另行提出侵权法律责任的诉讼，提出申请精神损害赔偿。《民法典》的规定扩增了精神损害赔偿的作用控制范围，对当事者的合法权益保护简化了复杂的应用程序，开启了违反约定法律责任与侵权法律责任之间的界限，更有助于保障权利人因相对人违约造成损害时的救济。

另一方面，将具备人身意义的指定物纳入精神损害保护的范围。[2] 此项基本规则的基本要点为：第一，受到侵权活动损害的是自然人具备人身

---

[1] 谢永志. 个人数据保护法立法研究 [M]. 北京：人民法院出版社 ,2013.

[2] 《民法典》肯定了具备意义的特定物适用精神损害赔偿，将其规定在《民法典》中，使其提高为法律标准规范，可以更充分全面地大力发挥其作用。

意义的特定物，导致其毁损灭失。具备人身意义的特定物中包含人格象征意义，也就是人格利益。侵权行为活动损害特定物，不仅导致了物的毁损灭失，而且导致了被侵权人的精神损害。第二，导致具备人身意义的指定物损害的行为活动是侵权方实行的，针对的是财产的损害，也就是对物的损害行为活动。第三，侵权方实行的行为活动和造成特定物的损害之间具备因果关系，不仅是导致物的损害的主要原因，而且是导致受害方精神损害的主要原因。第四，要求侵权方主观上具有故意或重大过失。应该确定的是，导致指定物的损害并且导致受害方的精神损害，故意、重大过失都是必要条件，根据相关规定要求，通常过失不会构成这类精神损害赔偿法律责任的组成要件。

三、侵害个人信息精神损害赔偿的构建思路

个人信息精神损害赔偿可以根据如下思路来构建。

第一，考虑受害者遭受的直接损失。对个人信息侵权的精神损失和实质性损失的赔偿应包括对精神实质性痛苦的补偿及减轻精神实质性痛苦的支出所必需的有效支出，这种经济损失可以分为减少个人信息的直接资产权益和在损害当事方人格权益后的必要支出。在个人信息遭到损害后，信息权人会采取必要的支出，以避免持续损害所带来的不利影响，这些费用包括修复精神面貌和填补精神痛苦的有效和必不可少的费用。当个人信息侵权的对象是有关敏感的个人信息时，此次敏感信息的直接价值难以评估，并且会因为主体的不同、主体的关注程度不同而产生差异。并不是说对敏感的个人信息的侵权必然会导致严重的后果，但是敏感信息的泄露对信息主体的影响有可能是不可逆的。[1] 就像患抑郁症的受害者在其个人信息受

---

[1] 例如，某位明星的家庭住址被认为是敏感信息，当住址被泄露后，该明星的生活安宁和秩序被打乱，随之而来的是需要重新选择住址。敏感的个人信息泄露会带来财产利益的损失，但更多的是精神利益的损害，并且随着敏感信息的泄露，还会衍生出其他的侵权行为，如电信诈骗、绑架等，也就伴随相应的损失。

到侵害后，有可能引起更加严重的后果，很可能增加受害者的沮丧程度。因此，侵犯个人信息将会产生精神损害的问题。侵犯个人的信息权不仅会造成信息主体具体收益的损失，还会随着被侵权人因摆脱由此带来的精神损害而花费的费用，此项费用也被认定为直接经济损失。

第二，考虑信息侵权者所获得的利益。作为非物质性权利，侵犯个人信息权的赔偿额有时不能反映在个人信息主体遭受的直接损害中。在某些情形下，仅考虑信息权人遭受的直接损失是不合理的，侵权人的获益往往会大于信息权人所遭受的直接财产损失。因此，确定受害方赔偿金额已逐渐发展成为司法协助中应解决和处理的关键问题和分歧。在实际遭受个人信息权损害的情况下，侵权人因侵犯个人信息权的具体收益状况是区分支付给信息权人款项的关键考虑因素之一。[1] 此时需要法官行使主动职权，原被告双方可以就赔偿的数额在法官的参与下进行沟通和协商，若协商无果，法官可以根据具体情况参考影响因素确定赔偿数额。侵权方损害了信息权人的利益，对赔偿数额和赔偿方式难以协商一致，没有实际计量标准且无法客观地估计损失，在此情形下人民法院应根据公平和正义原则，结合并参考以往实际案例以确定精神损失的经济赔偿额。

第三，限额赔偿为法官裁量提供裁判区间。域外法中，德国法律对个人信息权的精神损害赔偿规定具有较大的参考价值。[2] 我国在精神损害赔偿的规则设计时并未提及限额规定，可经过酌定赔偿法和限额赔偿法平衡个别案例与严格限制法官自由裁量权。现行法对精神损害赔偿金的确定具

[1] 最高人民法院在法律规定中指出，影响本评价的因素范围应仅限于考虑精神损害赔偿金影响因素的范围，除了支出分配方遭受的直接损害及基于侵权者的获利状况而对个人信息控制造成的损害的赔偿额外，在某些情况下以上两种方式都难以确定。

[2] 《德国联邦数据保护法》规定赔偿最高限额为13万欧元，但是当在同一个案件中由于受损害的人数较多，侵权人所赔偿的数额超过该标准时，则接受赔偿的每个人应当在此数额内按照相应的比例减少其赔偿数额。

有一定的灵活性，法官自由裁量权被充分尊重和利用。针对个人信息侵权的精神损害赔偿应该设定一定限额。限额赔偿体制能够在某种层面上严格限制法官的自由裁量权，使个人信息精神损害赔偿具备一定的科学性：一方面，个人信息精神损害赔偿限额有助于法官科学合理行使自由裁量权。精神损害赔偿数额需要法官发挥自由裁量权，假如损害数额能够证实，就赔偿真实经济损失；但在很多实际状况下，个人信息侵权导致的精神损害数额很难证实或者根本没有办法证实，这个时候非常容易造成法官过分依据主观想法来随意判定，出现赔偿数额太高或者太低的状况，后一种情况会严重打击信息权人的积极性，还会因为数额过低导致信息权人的利益得不到保障。通过对精神损害赔偿限额的设定，不仅可以为法官提供裁判依据，而且能合理地控制其自由裁量权，在防止权力滥用的同时，避免出现同案但赔偿数额差距较大的情形。另一方面，精神损害赔偿的限额有助于提升司法工作效率。在个人信息侵权案件里，侵权方常常是通过损害大量信息行为主体的合法权益来获取更大的利益，受害方可能是上千甚至更多的人，如果这些受害方就同一个案件提起诉讼，就会消耗巨大的司法资源，针对稀缺司法资源而言，明确个人信息侵权精神损害赔偿数额无疑是有益的。

第四节　侵害个人信息的非损害赔偿责任

个人信息侵权的非损害赔偿方式中应该提升停止侵害、公开赔礼道歉的影响地位与使用率：一方面，个人信息具备人格特征属性，公开赔礼道歉可以减少信息行为主体因侵权行为活动导致的心理情绪上的影响，可以解决彼此之间的矛盾冲突，对信息行为主体来说是非常关键的；另一方面，损害个人信息的行为活动通常是意外泄露、买卖个人信息或进行短信或者电话骚扰。[1] 通常状况下，该类侵权行为给信息行为主体造成了精神恐惧，并没有导致财产方面的经济损失，但这类精神恐惧又无法符合精神损害赔偿的标准。此时，停止损害、公开赔礼道歉的承担法律责任方式就会表现得非常关键。

一、侵害个人信息非损害赔偿的应然内涵

停止损害是侵权人对自己的行为活动予以停止，规避被侵权人的经济损失及由此产生的损害扩大。停止损害作为一类事后救济方式，是针对侵权行为活动的永久性禁令，可以及时有效制止损害行为活动，预防扩增损害后果。停止损害的法律责任模式在国外立法里也存在相似规定。[2] 个人信息侵权行为活动通常不是一次性的，侵权行为的主体逐渐呈现多元化的趋势。一旦行为方一直掌握个人信息，这类权利损害就具备连续性，停止损害的适用是为了预防因侵权行为活动导致的个人信息损害逐渐扩增。个人信息侵权行为活动常常具备连续性，如重复倒卖个人信息、频繁拨打骚扰电话，这个时候停止损害的法律责任模式就表现得特别重要。个人信息的权利方有权寻求侵权行为方停止正在进行的侵权行为活动，但是当侵权行为活动还没有实行或早已结束，停止损害则不再适用。[3] 司法实践中，可以适当考虑终止损害法律依据的应用，对损失赔偿的评估似乎至关重要。所以，仅在侵权方实行侵权行为活动时，停止损害的法律责任担负模式才适用。

---

[1] 齐爱民. 拯救信息社会中的人格：个人信息保护法总论 [M]. 北京：北京大学出版社,2009: 66.

[2] 例如，日本《个人信息保护法》规定，信息权人在得知他人非法使用、销毁其个人信息时，当有证据证明信息控制人的确客观存在违法收集整理情形时，若信息权人理由合理，则信息控制人应该及时有效地停止损害信息权人的行为。

[3] 停止损害的模式主要包含作为与不作为。作为模式如行为方在接到被侵权方的通告后采用的，不作为模式如行为方停止公布或者转发侵权信息。

公开赔礼道歉是侵权方向权利方认可接受错误以使受害方在心理状态上恢复到圆满的状态。行为活动方在损害权利方的个人信息权时导致的精神伤害，能够通过公开赔礼道歉这类模式展开补偿。公开赔礼道歉的重要目的不是针对侵权方的赔偿责任展开管制，而是引导侵权方尊重每一个人的人格；它可以抚慰受害方因侵权行为活动遭到的精神损失和经济损失，可以不断加强侵权方的道德观。此外，侵权方的书面道歉应该具备合约的特征，书面道歉的主要内容是参考受害方的多种要求作出的，是针对受害方需要的一类许诺，目的是获得受害方的原谅。书面道歉具备合约性质不仅能够增强该责任模式的实际效果，还能够束缚侵权方的行为活动，使其不再损害受害方的法定权益。赔礼道歉的法律责任方式不仅能体现对人格的尊重，同时是人格平等价值理念的体现。侵害人的公开赔礼道歉会影响侵权行为人的声誉，公开赔礼道歉这种行为将对侵权者造成一定程度的约束，并促进对社会发展的监督，以避免产生类似的侵权责任。公开赔礼道歉的适用，不仅能够由受害方提出，也能够由人民法院积极主动适用，或侵权方自愿主动道歉。[1]个人信息侵权案件中，受害方的主要目的在于侵权行为活动方停止损害并且公开赔礼道歉，人民法院也支持这两大类诉求。侵权行为方通过向信息权人积极主动承认错误、展开道歉，从而获得信息行为主体的原谅。公开赔礼道歉主要有如下两种方式：一是口头道歉，侵权人用口头方式直接向信息权人表示歉意；二是书面道歉，侵权主体采取书面方式表示歉意，二者在方式和效力上存在不同。[2]公开赔礼道歉的法律责任担负模式不仅能够舒缓与抚慰受害方的不均衡心理，促使受害方感

[1] 齐爱民.大数据时代个人信息保护法国际比较研究[M].北京:法律出版社,2015: 255.
[2] 应用哪一类模式道歉应该参考依据真实状况展开判定:如果侵权行为活动给信息行为主体导致的影响作用大,如现实生活中存在的人肉搜索案件,它的社会反响比较强而且传播的范围大、对权利人造成的影响也比较深,那么书面道歉的方式更为适合;如果造成的影响较小,那么口头道歉即可。

受到他人的充分尊重，亦可以通过这种救济方式对侵权行为予以惩戒，能够起到警示作用，从而带来良好的司法效果。

消除危险的救济方法无法防止损害的连续发生或避免侵权行为的再次出现，但它对实际操纵人的行为具有一定的实际效果。主导方消除风险的救济方法的实际意义体现这样一个事实，即在侵权行为可能造成特定伤害的前后，消除危险的责任方式可以提前防止损害结果的发生，并使得侵权行为得到及时制止。大数据时代，信息内容的自动传输速度快，传播和经营的规模往往难以确定，即使各个行为人已经终止了损害，也很可能没有办法消除因未经授权使用个人信息给权利人所造成的有害影响。消除危险的法律责任主要适合应用在如下两种实际状况：权利方的权利并没有受到损害，但是侵权方的行为活动造成权利方权利有被损害的风险，并且具备实际急迫性。信息行为主体有权要求记录部门对错误信息进行更正，消除信息记录问题错误对自身权利导致损害的危险。当信息行为主体的个人信息已遭受损害，其损害还存在逐渐扩张的趋势，权利方可以要求侵权方担负消除这个危险的法律责任。在个人信息侵权中，侵权行为往往具有持续性的特征，对权利人的损害也具有一定的连续性，适用消除危险的方式可以消除对信息权人的危险困扰。在这种挽救方法下，主导方还可以行使对个人信息的删除权，规定终止侵权并消除风险。此外，由侵权责任人或侵权行为引起的在线平台应执行实际的个人行动，删除存在的个人信息。个人信息的侵权主体、行为具有一定的复杂性，消除影响与恢复名誉虽然具有一定的价值和意义，但在保护信息主体的权利方面发生的效用仍有待实践的检验。

二、侵害个人信息非损害赔偿的局限性

仅适用非损害性赔偿的救济模式来保护信息权人的人格利益缺乏真实效果，同时对权利人的保障也不全面，主要体现在两个方面。

一方面，侵权法律责任非财产法律责任方式在个人信息侵权法律责任

的适用方面表现出无能为力的境况。首先，全面排除阻碍主要应用在相邻权受到损害的情形，返还财产与恢复原状主要应用在财产受到损害且原财产被取代的情形。因此，排除妨害的法律责任方式并非适用于个人信息侵权法律责任。其次，个人信息敏感性的特征导致其一旦遭到损害或者泄露，后果往往是不可逆的。个人信息自身的这种虚拟性使得信息损害的后果难以被控制，而且损害的传播速度非常快，很难控制信息在不同介质之间流转[1]，排除妨害的效用也就受到很大影响。最后，恢复名誉适用于个人信息错误的情形，有时也会涉及敏感信息泄露的情形。只有对信息权人的名誉造成损害时，才会适用恢复名誉的法律责任承担方式，而对于其他的损害，该种方式并没有太大的意义。

另一方面，因为个人信息侵权的特殊性，损害个人信息的非财产的法律责任方式并非全面。停止损害与公开赔礼道歉没有办法补偿损害个人信息给信息行为主体导致的经济损失，信息行为主体因申请诉讼所得的赔偿较低时，很可能放弃追究侵权行为方的法律责任，侵权方因此可以逃脱法律制裁；信息操作控制者在损害个人信息时，常常具备主观恶意。明明知道未获取信息行为主体的同意而不断收集、整理、使用个人信息是侵权，但在担负法律责任的时候，只是停止损害与公开赔礼道歉，违法成本较低。加之信息操作控制者因损害个人信息可获取的利益，其依然会不断实施侵害行为。因此，个人信息的非损害赔偿责任只是侵权责任体系的一部分内容，还需要结合个人信息侵权的损害赔偿责任来实现对个人信息权的全面保护。

侵害个人信息民事救济体现为侵权人的责任承担，依据是否给付可以分为损害赔偿和非损害赔偿方式两个维度。侵害个人信息的财产损害计算及赔偿数额确定存在困难，需在综合考量侵权人所获得利益及受害人损失

---

[1] 齐爱民 . 拯救信息社会中的人格 : 个人信息保护法总论 [M]. 北京 : 北京大学出版社 ,2009: 134.

基础上，通过限额赔偿方式为法官提供裁判区间，具体确定精神损害赔偿数额。惩罚性赔偿制度作为一种高严厉程度的民事责任形式，个人信息侵权具有适用该制度的必要性。惩罚性赔偿在适用时，需考量侵权人主观恶意性与损害后果，以补偿性标准作为计算基础，确立赔偿系数，允许权利人在法定赔偿额和实际遭受的损失之间进行选择，构建综合损害赔偿体系。侵害个人信息非损害赔偿责任注重其预防性，适当提高停止侵害、消除危险和赔礼道歉的地位和使用率，明确其适用规则，只适用非损害赔偿救济方式来保护个人信息是不全面的，还需配合损害赔偿责任来实现个人信息全面保护。

随着大数据时代发展，个人信息不再局限于个人虚拟形象或者人格，同时还具备经济属性。数据搜索技术发展进一步提高了数据价值，新的挑战和机遇由此产生。个人信息的使用变得越来越普遍，信息技术的发展为每个人的日常生活带来了极大便利，但个人信息数字化极易导致信息的滥用与泄露，并对信息保护提出了更高要求。[1]个人信息经济价值日益彰显，伴随而来的是个人信息滥用情况越来越严重。[2]辅以大数据技术，个人信息真正人格利益可能会与其自身真实人格相对立，并给信息权人带来精神上和财产上的伤害[3]，与社会发展潮流伴随而来的是非法获取、应用与泄露情况日益恶化。基于当前大数据技术时代下个人信息权利人处于相对弱势地位，侵害个人信息的民事责任体系有待完善。个人信息侵权救济体现为侵权人的责任承担，财产损害赔偿责任是以金钱给付向受害方支付交易和其受到经济损失类法律责任[4]，精神损害赔偿责任的目的在于让侵

[1]　王利明.数据共享与个人信息保护 [J].现代法学,2019,41(1):45-57.

[2]　张莉.个人信息权的法哲学论纲 [J].河北法学,2010,28(2):136-139.

[3]　马克·波斯特.信息方式：后结构主义与社会语境 [M].范静晔,译.北京：商务印书馆,2014:26.

[4]　李永军.论《民法总则》中个人隐私与信息的"二元制"保护及请求权基础 [J].浙江工商大学学报,2017(3):10-21.

权方担负财产不利来减少受害方受到的精神伤害，惩罚性赔偿责任是通过一种高严厉程度的民事责任方式对被告展开处罚从而达到惩戒他人的效果[1]，非损害责任承担应该更加偏向自主预防性，构建自成系统的自主预防性体系。

　　侵害个人信息的救济体现为侵权人的责任承担，应当从损害赔偿责任与非损害赔偿责任两个维度进行体系建构。损害赔偿责任应该侧重财产损害赔偿、惩罚性赔偿与精神损害赔偿三方面内容：财产损害赔偿方面可以引入法定赔偿法来弥补传统侵权损害赔偿的不足；个人信息权具有适用精神损害赔偿的理论基础，但面临适用门槛过高和数额难以确定等困境，应从损害赔偿考量因素和确定标准两方面入手予以完善；鉴于侵害个人信息后果的不可逆转性，可考虑借鉴惩罚性赔偿制度，明确适用条件并完善制度设计。非损害赔偿维度应更倾向于预防性，构建自成体系的预防性措施体系，提高停止侵害、赔礼道歉的地位和使用率，并明确其适用规则。

---

[1]　王利明. 惩罚性赔偿研究 [J]. 中国社会科学 ,2000(4):112-122.

第六章　侵害个人信息的程序救济机制

个人信息侵权的民法保护需要相应的程序予以保障。从民事实体规范与程序规则两个层面完善和改进个人信息的民法保护，在充分保障个人信息安危的同时，增加诉讼工作的公正性，最终达到抑制个人信息滥用的目的。本章重点探讨了个人信息民法保护中的集体诉讼、诉前禁令制度和举证责任分配制度，分析了三种程序保障制度的必要性和制度困境，并结合我国的制度背景，提出相应完善思路。

第一节　侵害个人信息的集体诉讼程序

一、集体诉讼引入个人信息保护的必要性

社会的快速发展使当前民事诉讼体系发生了一定变化，在面对当前新型诉讼时，传统民事纠纷解决思路和模式变得捉襟见肘。传统民事纠纷的解决思路往往是由原告和被告参与，原被告往往是单个主体，但在个人信息侵权中的受害方是多人或者具有集体性。由此，传统诉讼模式面临新的

冲击和挑战，也为新诉讼模式引入提供了现实基础。[1]集体诉讼制度最早来自英国的"息诉状"，逐步发展为美国法的一项重要诉讼制度。[2]相较于传统类型的单体诉讼，集体诉讼制度能够达到保护多数人利益和规范侵权人行为的目的，通过申请集体诉讼，由自然人个体的行为逐步发展为集体性和社会性行为，由集体诉讼代表替大多数人参与诉讼来保障其利益。[3]权利人就同一个标的及相同的被告在法院统一进行解决，可以避免就同一申请又一次起诉而浪费司法资源。我国个人信息民法保护体制需伴随社会经济的发展与进步重新进行修正，以打造更为科学合理的救济程序，高效配置社会资源，使权利人权利得到充分保障。

目前，我国民事诉讼中群体性冲突的纠纷处理和解决往往依赖代表诉讼制度。我国的代表诉讼制度能做到充分尊重当事人的自我意愿并保障权利处分的自由，采用明确的规则来确定参与诉讼人数的多少和诉讼请求，由其推选的代表来参与诉讼，避免了多人针对同一诉求多次审判的现象。诉讼代表的行为对参与主体具有约束力，但如果诉讼代表提起诉讼申请而被判决承担责任，则必须基于其所代表群体的同意，否则诉讼代表的行为将不会得到法律认可。在此过程中，人民法院不能依照职权将诉讼引申到法院主张权利人之外的人。对人民法院的权力进行限制是合理的，对于在诉讼期间未进行权利主张的人，必须作出另一种判断后才能间接适用。如果按照协商方法结束审判，那么未及时主张权利且没有及时参与诉讼的权利人，他们的权利应当受到一定限制，不能享有与其他参与者相同的权利，

---

[1] 莫诺·卡佩莱蒂. 比较法视野中的司法程序 [M]. 徐昕，王弈，译. 北京：清华大学出版社，2005: 373.

[2] 1953 年美国联邦最高法院通过"Smith v. Swormstedt"一案，将集团诉讼引入了美国法体系中。1938 年，《联邦民事诉讼规则》第二十三条将集团诉讼作为一项普通法制度确立下来，并且经过了 1987 年和 1998 年两次修改。

[3] 小岛武司. 自律型社会与正义的综合体系 [M]. 陈刚，等译. 北京：法律出版社，2006:166.

仅仅被动接受裁判的结果而不能积极主张诉讼权利。[1] 基于此，为了更好地保护信息权人的利益，应该对个人信息侵权纠纷的处理和解决体制展开重新构建和完善改进。

个人信息民法保护中引进集体诉讼具有一定必要性：一方面，集体诉讼能够更好地保护信息权人的利益。侵权人使用网络及其他手段来损害个人信息权的时候，受利益驱动而危害到多数人的信息安全；个人信息滥用行为通常表现出大规模侵害且损害轻微，这种侵害通常会关系众多信息权人，但对个体的损害可能是轻微的。损害结果的微小性与申请诉讼成本的高额性等影响因素严重制约了权利人向加害人主张侵权责任的积极性和主动性。[2] 由于个人信息保护意识较强，加之国家的严格管控及行之有效的诉讼体制，域外个人信息侵权案件数量并不像我国那样呈泛滥趋势。[3] 其中一个关键原因就是权利人没有太多精力和时间去维护自己的信息权利。反观我国，个人信息的侵权责任不仅面临损害赔偿难以计算、举证困难的问题，同时诉讼程序复杂性和长久性的困境很难满足受害人的诉求。假如，网络用户个人信息被非法使用后，没有造成人身或财产损害，即使胜诉，权利方获得的赔偿相比其付出的时间和金钱成本来说也会相差很大，信息权人面临经济方面的考虑。基于以上因素考量，个人信息侵权中信息权人单独起诉会面临一定的障碍。集体诉讼制度可以使权利人以较小代价获取赔偿，同时对个人信息侵权人予以惩戒，能够在很大程度上减少侵权行为的发生。

另一方面，集体诉讼引入的社会条件在不断完善。个人信息侵权中引入集体诉讼有助于维护与保障社会集体利益或者改善国家管理政策，采用

[1]　范愉.集团诉讼问题研究 [M].北京：北京大学出版社，2005:282.

[2]　章武生.论群体性纠纷的解决机制：美国集团诉讼的分析和借鉴 [J].中国法学,2007(3):20-30.

[3]　吴泽勇.集团诉讼在德国："异类"抑或"蓝本"? [J].法学家,2009(6):105-119+156-157.

申请诉讼方式以期在公众和人民法院之间搭建交流平台，在应用程序正当的基础上，给予集体申请诉讼以合法性地位。随着改革开放的逐步深入，越来越多的社会矛盾问题逐渐呈现，上述问题和矛盾严重影响了广大人民群众的日常生活及社会和谐稳定。随着改革开放步伐的加快，我国社会结构发生了很大改变，国家慢慢退出生产加工行业领域，而更专注于社会综合管理与综合服务行业领域；公司慢慢专攻于经营管理行业领域，逐步脱离供应社会综合服务工作职能的医院、住宅等实体，人和人之间的联系逐步分离出单位、生活社区。社会要求创立全新的满足时代的矛盾争议处理和解决模式，人民法院要扮演好中立的角色。全新的诉讼体制将有助于处理和解决社会大环境中产生的新问题和新矛盾，提高工作效率。[1]随着法治社会的发展，我国开始组建一支受过优良教育培训、综合文化素养比较高的律师与法官团队，这也为个人信息保护领域建立集体诉讼制度打下了良好的基础。

二、侵害个人信息集体诉讼的主体分析

集体诉讼制度是由代表人代表集体其他组员以集体名义提出诉讼。集体诉讼制度的建构不仅要保持主动性，还需预防过激行为，假如没有积极主动性，集体诉讼制度就会夭折；假如过分偏激，集体诉讼的积极效用就会受到影响。为促进集体代表的积极性应采用如下对策：在应用程序上，集体诉讼代表虽然在诉讼时需得到集体成员同意并以集体名义进行，但人民法院不能动用职权对集体决议产生干扰。[2]为预防集体代表的过激行为，集体代表提出的诉讼需获得人民法院的确定，集体申请诉讼才能继续展开。事实上，当集体诉讼符合必要保障条件与充分、全面的基本条件时，人民

---

[1] 章武生.论群体性纠纷的解决机制：美国集团诉讼的分析和借鉴 [J].中国法学,2007(3):20-30.

[2] 吴泽勇.集团诉讼在德国："异类"抑或"蓝本"？[J].法学家，2009(6): 105-119+156-157.

法院才会接受集体申请诉讼。其中，必要保障条件是需保障诉讼主体的多数性，充分、全面的基本条件是集体代表需能充分且全面维护与保障集体的利益，两个条件都不可缺少。

由于集体诉讼制度影响集体组员的实际权益，并在某种程度上剥夺了部分成员的诉讼权利，因此需要考量人民法院受理集体申请诉讼时是否需要所代表的全体成员的同意。针对这一问题，应采用以下思路来完善：第一，集体代表提出的集体申请诉讼需要获得人民法院认同才可以作为集体申请诉讼展开。个人信息侵权中的诉讼模式并非从初始阶段就界定为集体诉讼，它需要一个转化和发展模式，在这个过程中需要获得法院的确定。[1] 当集体诉讼被法院拒绝后，集体诉讼的代表则只能选择撤回集体诉讼的申请，并选择继续提起诉讼或者撤诉。第二，要弄清楚申请起诉的团体是不是人民法院。人民法院正在逐步成为其他团体成员的法定监护人，这是团体申请起诉制度以维持其他团体成员的关键对策。在该团体提出起诉后，该团体应将起诉申请明确通知所有团体成员。从原理上分析，集体组员在获取通告后才得知有的人早已代表他提出申请诉讼而且早已获取人民法院确定。这类先斩后奏的模式，违背了法律正当应用程序。第三，集体申请诉讼的和解与撤诉应该通告集体组员，并且获取人民法院批准通过。集体组员指望集体代表尽力尽职起诉，获得最优裁决。集体组员应当分担诉讼所需之费用，而为诉讼所支出的律师费不在其中。

集体诉讼的被告是集体诉讼的另一方。如果没有集体起诉的请求，那么被告人就不会参与诉讼。因为该团体提出了起诉，被告只会开立案件进行调查。集体诉讼对被告的不利影响是需要付出高额的赔偿金并终止其侵权活动。但是，被告并不一定是集体起诉的"受害者"，被告有的时候也支持集体申请诉讼，由于经过集体申请诉讼，被告能够一了百了地经过一

---

[1]　章武生.论群体性纠纷的解决机制：美国集团诉讼的分析和借鉴[J].中国法学,2007(3):20-30.

次申请诉讼处理和解决与每一个集体组员之间的法律纠纷。对被告来说，集体申请诉讼是经济高效的纠纷解决机制。在集体申请诉讼中，人民法院只有中立公正，才有可能维护和保障缺席集体组员的利益。正因如此，法律应该赋予人民法院更多综合管理案件的工作职能，除了执行工作职能以外，人民法院也可以从集体申请诉讼里"获益"。比如，经过集体申请诉讼，人民法院能够在一次申请诉讼里处理和解决大量集体组员与被告之间的相似矛盾争议，进而节省司法资源，减少了人民法院的积案。而且经过集体申请诉讼，可以处理和解决不相同行为主体之间的相似矛盾争议，人民法院规避了形成互相矛盾的问题裁决。

三、侵害个人信息集体诉讼的制度构造

消费者集体诉讼制度是英美法系国家的产物，该制度出现以来持续完善，由于该制度充分尊重与保护消费人员的合法权益，效率极高，故值得我国借鉴参考。美国把集体申请诉讼作为一项体制写入《联邦民事诉讼规则》。在集体诉讼制度构建上，美国有着丰富的经验，是集体诉讼制度实践经验与理论研究集大成的国家。美国的集体诉讼制度是为持有小额度提出申请的大量消费人员寻找损害赔偿的一类集体申请诉讼方式。消费人员集体申请诉讼体制是集体申请诉讼的一个关键组成部分，也就是消费人员集体申请诉讼是集体申请诉讼的一类。允许"集体代表"代表每一个位于类似处境的当事者提出集体申请诉讼，当被告的某一个行为活动同时严重影响了多个人更有甚者是无数人的时候，法律允许一个或者多个受害人代表每一个人提出诉讼申请，并且要求损害赔偿。从比较法视角来看，美国的集体诉讼制度更加先进，美国有专门的集体诉讼律师，但服务费比较高昂，集体诉讼律师提供了庞大的支援团队，正因如此，许多律师也希望参与集体诉讼。

欧盟消费人员合法权益保护是以消费人员保护指示的方式实施。[1]欧盟公布新《消费者权益指令》要求各成员国把本指令转化成为本国的法例,进而增强对欧盟各成员国消费人员合法权益的安全保护。指令规定三类消费人员维护保障合法权益的途径,其中主要包含经过集体申请诉讼的渠道。参与集体诉讼主要包含选择退出方式与选择进入方式:选择退出方式下,权益受到损害的消费人员除非确定的代表退出,否则最后的裁决对他们都存在效力;选择进入方式下,受到相同损害的消费人员经过向法院提出申诉,自由选择参加申请诉讼,同意受到最后裁决的束缚。迄今为止,欧盟许多国家接受了集体诉讼制度,并将该制度进行了应用和推广。

集体诉讼体制是受害方完成诉权的高效体制,但是否追究侵权方的法律责任依然属于权利方意思自治的范畴。受害方引进了集体申请诉讼应用程序,有选择退出与选择进入两种方式:前者除受害方确定代表退出外,裁决最终结果能够束缚位于相同处境下的每一个受害的消费人员;后者主要包含那些早已确定的索赔,并且同意受到最后裁决束缚的消费人员。[2]"选择退出"方式的集体申请诉讼体制,因为其和大陆法系传统类型的当事者、适格原理及有关应用程序体制具有较多差异,很多国家并没有采纳这类方式,葡萄牙除外。[3]选择进入方式不仅充分尊重了受害方的意思自治,而且完成了集体申请诉讼的发展目的,应当成为我国所采纳的一种方式。

---

[1]　郭雪慧.欧盟消费者集体诉讼制度及其对中国的启示 [J].云南社会科学,2013(4): 131-135.

[2]　同 [1].

[3]　刘学在.请求损害赔偿之团体诉讼制度研究 [J].法学家,2011(6):137-156+178.

第二节 侵害个人信息的诉前禁令制度

"诉前禁令"作为民事保全措施之一，对规避侵权行为活动所导致的连续损害、保障民事诉讼推进具有十分深远的影响。[1]《民法典》确定了损害人格权的诉前禁令制度。诉前禁令制度不仅是对我国民事司法应用实践经验的归纳总结，也是民事立法的重大改革与发展。人格权中的诉前禁令制度对人格权的救济方式无疑会产生极大的影响，也会对个人信息的保护产生冲击。[2]个人信息民法保护中引入诉前禁令制度对及时制止侵害行为、有效预防损害后果的发生效用明显，然而个人信息民法保护中诉前禁令制度的适用条件和制度建构还需要进行探究。鉴于此，本节在对诉前禁令制度进行制度考察后，论证了个人信息民法保护中引入诉前禁令制度的必要性，并对其适用条件和制度构建提出了相应思路。

一、诉前禁令制度的源流与现状考察

（一）比较法上的"禁令"考察

禁令制度最早可以追溯到古罗马时期。古罗马法里的禁令又被称为禁止令状，通过罗马执政官参考依据受害方提出申请而公布的某一种命令指示或者禁令，一般涉及具有社会公益利益的情形。随着普通法的发展，传统类型的金钱赔偿模式不能补偿原告的真正经济损失，有时也会遇到原告经济损失没有办法用金钱赔偿来衡定的实际情形。为了弥补普通法的这个缺陷，法官参考依据公平原则来对权利方给予救济，主要包含禁令、具体执行合约及公开宣告性裁决等主要内容，至此，衡平法院衍生出了英美法

---

[1] 李义凤.论环境公益诉讼中的"诉前禁令"[J].河南社会科学,2013,21(6):16-18.

[2] 王利明.论侵害人格权的诉前禁令制度[J].财经法学,2019(4):3-15.

系里的禁令制度。[1] 英国法里的诉前禁令制度是来源于衡平法院的司法实践，此时的禁令制度主要应用于紧急和突发情形。英国法里的禁令制度具有一定的预防性，通过自主防御的制度设计制止即将发生的损害，在一定程度上弥补了通过向法院寻求救济的不足。此时的禁令制度也常常被应用于保护某些具体人格权。例如，保护公民的名誉权，防止因侵权行为而导致的名誉受损而无法弥补的后果出现。[2] 美国法中的诉前禁令制度往往是为了应对较为紧急的情形，诉前禁令制度的启用需要由原告提供证据来证明禁令适用的必要性和紧迫性，而这种紧迫性往往体现在其合法权益将要受到损害的危险或者危险正在发生的情形下，法院则需要对这种紧迫性展开审查从而确定是否适用，法院一般仅对申诉人提出的申请展开形式审核。

大陆法系的禁令体制主要体现在诉前保全体制里。[3] 不同于英美法系国家，法国与德国的民事诉讼程序逐渐与禁令体制失去了关联，建立了以相对独立的假处分为标志的行为保全体制。[4] 德国诉前保全程序的适用范围有不断扩大的趋势，逐步拓展到人格权侵权、公司法领域、竞争关系领域和知识产权法领域。大陆法系下的日本则借鉴美国经验，在旧的民事诉讼法典中脱离了民事保全制度，通过保全制度的独立弥补了原有诉讼体制的不足，也对公民的权利保护起到了积极作用。当精神性权利面临被侵害的风险时，权利人可以向法院申请诉前禁令来避免损害的发生，以规避可能产生的损害或者减少正在产生的损害。由于禁令的提出会导致原告、被告当堂对质，因此必须严格按照法律规定进行。法国也确立了类似的制度，

---

[1] 毕潇潇，房绍坤.美国法上临时禁令的适用及借鉴 [J].苏州大学学报（哲学社会科学版）,2017,38(2):86-95.

[2] 郭小冬.民事诉讼侵害阻断制度释义及其必要性分析 [J].法律科学,2009,27(3):119-130.

[3] 王利明.论侵害人格权的诉前禁令制度 [J].财经法学,2019(4):3-15.

[4] 江伟，肖建国.民事诉讼法 [M].北京：中国人民大学出版社,2018:252.

但是法国针对这种紧迫情形采用的是临时裁定的方式，允许法官在特殊情形下通过裁定的方式应对紧迫状况下公布命令指示来制止侵权行为活动，但法院需要在传唤双方当事人的基础上通过公开的口头辩论才可以作出裁判。与此同时，法国还设立了紧急突发意外的审核程序，这个程序是专门审核加速处理和解决具备紧急突发意外性或者确定性案件的诉讼程序，但相对方享有向法院申请取消限制令的权利。与其他国家相比，法国的禁令申请条件显得相对宽松。

（二）我国的诉前禁令制度

程序法中的诉前保全制度虽然对实体法的诉前禁令适用具有一定借鉴意义，但不能完全替代人格权法中的诉前禁令制度。与西方发达国家相比，我国的诉前保全制度仍不完善。针对在申请诉讼开始以前，一方当事者所实施的需要立刻制止的某种侵权行为，对方当事者不可以申诉人民法院采用财产保全措施手段，也不可以申诉人民法院采用先予执行，这就造成当事者权利救济处于真空状态，无法得到法律的全面保障。我国《民事诉讼法》中的诉前禁令制度带有明显的程序性规范色彩，当公民的人格权受到损害或者有可能受到损害的紧急突发状况下，受害方在提出申请人民法院适用诉前禁令的情形，往往依据的是实体法上的规则，此时的程序法规范略显不足。在具体适用过程中，人民法院针对诉前禁令制度是否适用的参考标准及适用的规则往往也是以实体法的规范为依据。与行为保全体制对比，诉前禁令制度所指向的对象也更加精准与明确。程序法上的禁令手段最主要的作用体现在由于被告的行为或者基于诉讼的程序问题而导致的权益受损或者是证据灭失的问题，人民法院采取程序上的保全制度也是为了保证诉讼的顺利进行而并不是出于保护原告权益的目的，是规避原告提出申请诉讼前因诉讼延误而导致权利方利益的受损及规避证据灭失的风险。[1]民事诉讼法程序法中的禁令方式可以通过行为活动保全的方式来予以实现[2]，但与之相比，实体法上的诉前禁令制度不仅具有程序法保全制度中的救济功能，而且具有预防功能，即通过禁令制度来预防损害的发生和损害结果的扩大。[3]

我国的诉前禁令制度在知识产权行业领域应用较为广泛。知识产权作为一类智力技术成果，具备易复制特征，而且知识产权的侵权行为也具备连续性的特征，只要产生侵犯行为活动，就会在短时间内导致无法弥补的损害。随着科学技术的发展进步与信息传播的提速，知识产权领域中的一些典型侵权活动表现得越来越快捷且容易完成。智力劳动成果的无形性特征使权利方容易忽略，或者很难防控侵权行为的发生，当发现或得知损害结果发生时，侵权行为活动或许早已产生。随着新种类案件的层出不穷，知识产权领域中的行为保全具备了其现实意义。[4]不管是诉前行为保全，还是诉中行为保全，针对的常常是即将发生或者正在发生的侵权活动，存在一定紧迫性，如果不在第一时间内采取保全措施，就可能给权利方或者利害权益关系人带来无法弥补的损害[5]，并且这类损害很难经过裁决予以补偿。

我国《民法典》确立的禁令制度具有重要意义，其最重要价值在于为人格权的保护提供制度保障，这不仅是基于人格权的重要价值，更是我国立法对人格权保护制度的突破与创新。个人信息保护里适用诉前禁令体制对规避侵权行为活动所导致的连续损害、充分保障民事申请诉讼的全面推

---

[1] 李义凤.论环境公益诉讼中的"诉前禁令"[J].河南社会科学,2013,21(6):16-18.

[2] 赵钢,占善刚,刘学在.民事诉讼法[M].武汉：武汉大学出版,2008:8.

[3] 同[1].

[4] 和育东.试析专利侵权诉前禁令制度存在的问题[J].法学杂志,2009,30(3):61-63.

[5] 郭小冬.民事诉讼侵害阻断制度释义及其必要性分析[J].法律科学（西北政法大学学报),2009,27(3):119-130.

进，具备十分深远的影响。从时间维度分析，个人信息保护禁令适合应用在提出申请诉讼以前，相比较先予执行的案件，其在适用时间上具有一定优势，从而突破了先予执行在案件受理后才可以指出的限制。从目标维度分析，诉前禁令制度是制止起诉前实行的侵权行为活动，解决了财产保全只可以针对财产的不足。个人信息民法保护程序中引进禁令制度可以更为系统地保护信息权人的法定权益，弥补权利保障的空白。此外，我国诉前禁令制度起步相对较晚，且整体制度设计较为粗糙，法官自由裁量权过大不仅会导致司法判决不统一，还会严重影响司法的公信力。因此，还需明确禁令制度的适用条件，并对其解除程序进行探讨，从而完善其起始和终止程序。

二、侵害个人信息诉前禁令的适用要件

诉前禁令制度具有其特殊作用，既不能被其他的制度取代，亦不能被忽视。诉前禁令应当在诉讼程序开始之前提起，为保障禁令制度的正当性需明确其适用条件并由法院对此进行必要审查。与许多国家相比，我国的诉前禁令适用中的审查并非实质审查，而是对被申请人的行为进行初步判断，并且对申请人的申请必要性进行判断，确有必要的情形下，人民法院才具有实施诉前禁令的必要。[1] 从申诉人的层面分析，临时禁令有助于保护申诉人的权利，从被申请人的角度来看，诉前禁令制度是对其行为和活动的约束和限制，诉前禁令制度的强制力和保障作用是通过对被申请人的限制来实现的。除了法院审核以外，个人信息侵权中的诉前禁令要件还包含两个方面的内容。

一方面，信息权人需证实损害行为的实行或即将实行。诉前禁令应由权利方指出，但权利方提出禁令申请时，须提供有关证据证实具有适用诉

---

[1] 和育东 . 试析专利侵权诉前禁令制度存在的问题 [J]. 法学杂志 ,2009,30(3):61－63.

前禁令的基本条件。个人信息诉前禁令的适用需提供存在损害或可能损害的证据，主要包含两种情形：第一，侵权人正在实施损害他人人格权的行为活动或行为人已经实施了侵害权利人权益的行为，此类行为一旦不得到及时制止就可能导致信息泄露，从而产生重大损害；第二，侵权人可能实施损害他人人格权的行为活动。侵权方有损害个人信息的意愿，表现为今后有可能产生损害个人信息的危险，并且产生的可能性较大。一般而言，信息权人须证实损害个人信息权的行为活动早已产生并且具有连续性和急迫性。针对早已产生的损害行为活动，信息权人的举证就会比较容易。但在行为方没有损害的实际情形时，则无法证实侵权人构成侵权。此种情形下，损害后果没有产生，这是否导致损害及导致多大的损害就很难判定。此时，不应该由信息权人举证侵权人是否构成侵权，而是一般要求用社会通常人的观点来判定。针对不相同损害行为活动，也应有不同的判定参考标准。对损害还没有产生的实际情形，则应该适当提升申诉人的举证压力，从而预防诉前禁令体制的私自滥用，采纳盖然性的证实参考标准，也就是一旦当事者证实他人的行为活动可能导致损害或者有损害可能，则应该认证充分满足了相对应的证实参考标准，而并非需要实现本案申请诉讼的证实参考标准。与此同时，对将会实行的损害行为活动，人民法院在审核时应该确定有没有现实证据证实行为方将会实行损害行为活动，并且有可能导致受害方无法补偿的损害。

另一方面，需要具有适用诉前禁令的紧迫性。从损害的后果来看，诉前禁令制度的适用不仅需要有损害的危险性，也需要具有损害的不可弥补性，损害的结果往往是难以通过损害赔偿予以救济的。亦表现为假如经过正常申请诉讼应用程序维护合法权益，申请诉讼消耗时间将会造成损害后果的快速扩增或者无法弥补。不立刻采用禁令措施手段，就会造成对信息权人难以补偿的损害，即非金钱性损害。非金钱性损害的判断因素主要包括个人信息的扩散，导致难以恢复的情形。对个人信息损害来说，只要产生损害行为活动，损害后果常常很难自动恢复调整原状。尤其是在网络时代，个人信息侵权损害后果只要产生，也就是无法通过金钱赔偿的模式对受害方进行完全补偿。所以，应该适当放宽对这个要件的认证。假如损害后果的产生不具备急迫性，或即使产生也能够经过其他模式补偿，则应该对此类情形展开严格审核。通常而言，假如经济损失可以通过金钱模式在诉讼完成后进行全面赔偿，则可认为这个经济损失不是不可补偿的。在互联网应用环境下，损害个人信息权的损害后果只要产生，便很难恢复原状，损害后果更有可能会快速扩增。例如，在网上非法公布他人个人信息，不及时屏蔽或删减，则可能瞬间在全世界范围内传播。概言之，侵权方的行为活动需要导致实际的损害，这类损害应该具备紧迫性和适用诉前禁令的必要性。

三、侵害个人信息诉前禁令的解除机制

诉前禁令是依据单方申请未经过庭审而作出的保全措施，有时也不免产生错误申请的情形。诉前禁令制度应根据客观情况的发展而变化，必要时法院可以依职权或者依据提供的新证据予以解除。产生如下情形的时候，诉前禁令应当予以解除。

其一，申请人在法定期限内未提出诉讼申请。信息权人在申请诉前禁令之后，假如没有在法定的期限内提出诉讼申请，这个临时禁令措施手段则应该丧失效力。[1] 有完全相反的论点认为，信息权人在申诉实施禁令后又不提出诉讼申请的，这个时候人民法院实施的禁令早已本质上损害了他人的行为活动自由且给他人造成了指定损害，应该推测申请人的行为活动构成侵权，担负相对应的侵权责任。但另有论点认为，诉前禁令的发展目的是及时有效制止有关损害的行为活动，申请人并非负有提出申请诉讼的

---

[1] 毕潇潇, 房绍坤. 美国法上临时禁令的适用及借鉴 [J]. 苏州大学学报 (哲学社会科学版),2017,38(2):86-95.

义务。诉前禁令申请之后，是否经过申请诉讼的模式主张救济，应该交由权利方选用，诉前禁令被批准之后，假如申请人不在法定时期内提出诉讼申请，则诉前禁令就会失去效能。

其二，以法院的决议而撤销。个人信息保护中的诉前禁令功能在于制止不法损害行为活动，其并非具备证实侵权行为的功能。人民法院在审核禁令申诉时对证据的审核不同于诉讼申请时对有关证据的审核，诉前禁令可能产生问题或错误，这就需要复议程序从而预防诉前禁令的问题或错误。诉前禁令仅是临时性的救济措施手段，并不是明确当事者法律责任权利和责任的终局参考依据，一旦发现适用条件消失或者适用错误时，应当及时撤销。个人信息保护的诉前禁令自发送之日起应该一直有效，但在法院作出终局裁判生效后应该丧失效力。个人信息保护中诉前禁令的制度价值是防止侵权行为导致更大的损害后果，在终局裁决生效以前，假如认定诉前禁令丧失效力[1]，那么被禁止的行为活动就可能不断实行，这将会造成禁令施行的发展目的落空。

其三，在诉前禁令撤销前或者失去效能前，在禁令有效时期内，侵权人违背禁令导致信息权人损害的，信息权人有权提出申请赔偿。申诉禁令能够使行为方停止实行某一种行为活动可能导致确定的经济损失。由此，信息权人应该供应足额信用担保，当被告胜诉时原告需赔偿被告因诉前禁令而受到的经济损失，而诉前禁令不合理的风险应由信息权人担负。在终局裁判生效后，由于诉前禁令所导致的损害，申诉人应该担负相对应的责任，因此受害方有权提出赔偿。

---

[1] 毕潇潇, 房绍坤. 美国法上临时禁令的适用及借鉴 [J]. 苏州大学学报 (哲学社会科学版),2017,38(2):86-95.

第三节　侵害个人信息的举证责任分配

我国当前现行法对个人信息侵权案件的举证责任分配并没有特殊规定。基于此，唯有司法实践中的审判经验与个人信息的特殊性相结合才能够为个人信息侵权的举证责任分配提供良好指引。本节通过对我国举证分配理论的探究，分析个人信息保护中举证责任分配的困境，最终立足于我国现实基础提出完善及改进思路。

一、侵害个人信息举证责任的理论基础

危险领域说是从德国法院依据实证方法下的实践案例里总结得出的法律责任原理。虽然危险领域说在某种程度上增强了证明标准的教条主义色彩，但可以在很大程度上减少来自被告控制权所带来的危害，并能够充分反映责任划分中的公正性与公平性，可以减少权利人在面向特殊行业时被实际操纵和资源垄断的风险。以医疗纠纷为例，患者与医务人员相比，他们在收集和调查证据方面的能力明显较差：一方面，患者缺乏相对的专业技能，并且难以彻底掌握事件的事实；另一方面，事件损害和主观疏忽造成的伤害属于医务人员操纵的范围。因此，就患者而言，该行业被归类为"风险行业"。在该行业范围内，患者不必承担验证医务人员意图或过失的法律依据义务。反过来，医务人员则需要核实自己免责的理由，并承担举证责任。风险行业理论并未完全否定法律法规要素的分类理论，是对法律法规要素理论的补充解释，而不是完全替代，在有限控制范围里适用危险行业领域说作为证实法律责任调配的基本原理是科学合理的。由于在思考证实法律责任调配的稳定安全性的同时，还需要思考独特情形下的特殊

对待，科学合理确定双方当事者的利益 [1]，这是符合证明法律责任分配的立法动机。

危险领域说要求在分配举证责任时需要考量行业领域的特殊性。个人信息侵权的过程中引入危险领域说具有其必要性和现实意义，一方面，该理论的引入充分考虑了信息的优势。此外，它具有更强的操作能力，这完全基于审判过程中主审法官制定的盘问标准。由于技术和专业技能的限制，信息内容所有者很难保证收集对自己有利的直接证据和原材料，也很难证明是何种原因造成了侵权。因此，在实际规定内容权利人确定其工作能力范围外的某些目标的情况下，采取传统的举证规则没有充分考虑信息内容权利人的弱势影响。另一方面，信息权人和信息处理者在调查和证据收集及交叉检查能力方面也存在某些差异。从深入分析来看，对于更多的信息内容权利持有者而言，对信息内容进行实际操纵的盘问标准非常强。

二、侵害个人信息举证责任的制度困境

法谚：举证责任之所在，即败诉之所在。传统类型的侵权案件中的举证责任分配的规则已经不能解决当代社会中存在的矛盾，个人信息侵权中举证责任的科学合理分配，有助于公平分担诉讼双方的风险，科学合理保护双方的利益。

域外关于个人信息侵权中的举证责任分配显得更加成熟。欧盟和美国之间呈现出不同态势，欧盟对个人信息保护采取综合立法的方式，在个人信息侵权中统一采用无过错责任原则，在明确了信息利用者的对应义务和责任后，由被告来承担侵权法上的后果。尤其是在某种特定的情况下，如针对多数人共同侵权的情形，欧盟采用的是因果关系倒置理论。反观美国，立足于行业自律和分散立法模式，强调个人信息的经济价值，重点关注其

---

[1] 刘海安. 个人信息泄露因果关系的证明责任：评庞某某与东航、趣拿公司人格权纠纷案 [J]. 交大法学,2019(1):184-192.

流通价值。美国对个人信息的保护形成了公法和私法的双重保护体系，在公法和私法保护的不同领域采用了不同的责任方式。公法领域中强调国家对个人信息行业的管控，并且通过制定单行法律来进行规制，私法领域则更加重视的是行业的自我调节，通过行业自身制定的监管条例来实现个人信息的自由保障。不同领域对举证责任的分配也不尽相同，如部门法有特殊规定则从之。相比较而言，欧盟在信奉个人信息自决的基础之上尽量通过国家制定统一立法来实现个人信息的保护，并且涉及的内容和范围较为广泛，保护的效力较强，但带来的是信息自由的禁锢及监管的缺失；美国相较于欧盟，更加重视信息的流通价值，在价值理念上也更加注重发挥其经济效益，但对于个人信息的保护力度则不如欧盟，在责任配置上过分依赖行业自律难免会导致保护不力。

目前，我国现行法中并未明确举证责任分配的基本规则。因此，在个人信息侵权中，举证责任分配只能适用一般性举证基本规则，也就是"谁主张，谁举证"规则[1]，但这种举证责任负担模式并不适合个人信息权侵权案件。大数据时代下，个人信息的信息权人面临举证困难的境地，信息操作控制者相较于信息权人在信息控制和处理方面占据全面的优势地位。个人信息的控制者与信息权人相比，不仅在技术方面掌握一定优势，如信息控制者对信息的收集和处理一般比较成熟，而且常常配备专业技术队伍，在个人信息收集整理过程中占据巨大优势。同时双方掌握的信息不对称，信息权人要面对的大多是各类公司，更有可能是相关公权力部门，诉讼双方往往力量悬殊。个人信息冲突纠纷的行为主体双方虽为平等的民事行为主体，但是当一方行为主体为国家政府机关组织部门或者服务网络公司的时候，其优势地位非常显著，导致举证双方水平差距悬殊。因此，如果仍旧根据"谁主张，谁举证"的举证责任分配体制，在很大程度上会导致被

---

[1] 丁春燕.民事诉讼举证规则体系化研究[J].上海政法学院学报（法治论丛），2016,31(2):51−60.

侵权人陷入维权失败的被动局面。大数据的时代背景增加了信息权人的举证难度。个人信息侵权往往与复杂的大数据技术联系紧密，这种关联性是当前个人信息侵权区别于传统自然人侵权的重要特征。在互联网这种虚拟的环境下，个人信息的侵权方式有了很大的变化，侵权行为的发生往往具有一定的隐蔽性，有时信息权人对侵权行为发生毫无察觉，并且难以捕捉侵权行为的痕迹。在现实世界中，信息权人与侵权人可能相隔万里，普通自然人往往不会为了收集证据付出更多成本，也就进一步增加了信息权人举证的难度。个人信息的虚拟构造性、多变性更加增大了权利方在证据收集整理上的困难。

　　司法实践中，个人信息侵权案件中原告举证不能的困难处境是普遍存在的。根据传统类型侵权的基本规则，信息权人要担负较重的举证责任，"被告无须自证其罪"。依据该规则，被告不需要付出太多的成本，而原告的负担和责任也就相应增加。因此，信息权人往往会打消提起诉讼而保护自身权利的想法，即使是想通过诉讼来解决问题也面临诸多的困难，在实务中他们的主张也不会得到支持。由此可见，在司法实践中，对个人信息侵权的举证问题不仅来自个人信息侵权本身的特殊性，同时，基于诉讼制度的安排及举证责任的分配规则并未考虑当事人双方的这种技术和经济上的差距，由此带来的消极影响对个人信息的保护是可以避免的，也是可以通过规则的倾斜予以解决的。法律责任既意味着风险，同样包含利益。[1]至此，个人信息侵权过程中举证法律责任的科学合理调配不只可以减少被侵权方的举证成本费用，减少权利人申请诉讼的困境和障碍，还可以在很大程度上维护法治社会下人们对司法的信赖。

---

[1]　程春华.举证责任分配、举证责任倒置与举证责任转移：以民事诉讼为考察范围 [J]. 现代法学 ,2008(2):99-107.

三、侵害个人信息举证责任的制度完善

大数据时代背景下，针对个人信息侵权的特殊性及双方行为主体的差距，结合我国个人信息侵权归责原则的制度构想，个人信息侵权中的举证责任体制应当从以下两个方面予以完善和改进。

一方面，个人信息侵权的举证法律责任分配应灵活多样。法律规则的制定是为了解决当前社会中出现的纠纷和矛盾，并不仅是作为解决问题的工具。随着社会发展，当出现新的纠纷和情形时，应当通过规则的变通与其相适应。灵活多样的举证责任分配是基于价值衡平的理论基础，合理的分配规则不仅能够充分考虑当事人双方的客观条件，还对实现案件的实质正义具有很大指引价值。此外，灵活多样性的法律参考依据是根据公平正义原则，尊重法官在案件审判中的自由裁量权，充分发挥司法审判中法官的中间人作用，使其在职权范围内做出合理的选择与调配。灵活的纠纷解决机制和分配规则不仅是为了实现个人的公平正义，也是为了实现社会公正，体现法律的平等性。基于此，在灵活的纠纷解决机制中，个人信息侵权中的原告所承担的举证标准应当达到盖然性条件。高度盖然性是指事实产生的实际高度概率性，《最高人民法院关于〈中华人民共和国民事诉讼法〉的解释说明》把实际高度盖然性作为认证事实存在的审判参考标准。在此类个人信息侵权诉讼中，原告所需要做的是对其损害结果进行证明，这种证明是初步的，是并不严格的，他们只需要提供自己的个人信息遭到了不法侵害，并且产生了不利后果。而这种行为损害是否构成侵权的标准，则需要达到一定的标准，这种标准可以界定为一种盖然性的标准，采取这种盖然性标准有利于解决个人信息侵权中举证能力不均的问题，也会在某种意义上减轻权利人的压力和负担。

另一方面，因果关系要件的举证责任应当倒置给被告方。举证法律责任倒置适用于法律规定的特殊情形，举证责任倒置不能因当事人或者法官的意志而进行转移，但法律可以作出特别规定，将部分举证责任从一方转

移至另一方。[1] 对于举证责任倒置的举证责任分配规则，我国采取了严格的法定性，一般在主观过错与因果关系两个要件中涉及倒置的原理。[2] 法律法规对案件有明确规定，人民法院可以适用这种特殊规则来进行审理。举证责任倒置的规则设计不仅可以保证特殊侵权案件的公平正义，而且可以更好地应对社会经济发展带来的新问题。在无过错责任原则与过错推定紧密结合的原则下，个人信息侵权的民法保护中需要对不利于权利人的规则予以变通。原告完成了对基本的法律事实和侵权行为及后果的证明，随后被告所需要证明的是其行为与被侵权人之间并不存在因果关系。被告一旦能够有证据证明自己存在合理的免责事由，侵权行为的损害不是由自身造成的，或侵权行为与自身无关，则完成了对因果关系的举证。

---

[1]　叶自强 . 举证责任倒置规则的构成要素与适用 [J]. 河北法学 ,2011,29(5):71-75.

[2]　胡东海 . "谁主张谁举证" 规则的历史变迁与现代运用 [J]. 法学研究 ,2017,39(3):107-124.

结　　语

大数据时代，信息技术的快速发展使个人信息的保护显得更加重要。当前通过各种方式来侵害他人个人信息的现象时有发生，不仅损害了个人的信息权益，还严重损害了公共秩序和集体利益。个人信息的民法保护应借鉴域外的成功经验，探索适合我国国情的个人信息民法保护之路。本书中，笔者先对个人信息民法保护的基本原理展开探讨，之后对个人信息侵权的归责原则、侵权责任认定与免责事由展开论述，最终针对个人信息侵权的法律责任担负与应用程序保障问题提出了几点建议，期望可以对我国个人信息民法保护问题提供些许借鉴。

时值信息化社会迅速发展，个人信息侵权行为的认定必将面临很大压力，但灵活的认定方式会避免这种尴尬境况的出现。完善个人信息的民法保护，保障信息权人的合法权益，使个人信息背后蕴藏的经济价值得到充分体现。个人信息民法保护具有紧迫性，个人信息的内涵也会随着时代发展变得更加复杂，应该结合我国当前的实际情况，完善个人信息的民法保护模式，形成完整系统的个人信息保护法律体系。个人信息保护是当前信息时代不能逃避的问题，也是一个亟待解决的课题。个人信息的民法保护迫在眉睫，但保护之路十分漫长，唯有正视和重视才能找到有效的解决之法。

参考文献

阿尔文·托夫勒,2006.第三次浪潮 [M].黄明坚,译.北京:中信出版社.

艾伦,托克音顿,2004.美国隐私法:学说、判例与立法 [M].冯建妹,等译.北京:中国民主法制出版社.

白云,2013.个人信用信息法律保护研究 [M].北京:法律出版社.

毕潇潇,房绍坤,2017.美国法上临时禁令的适用及借鉴 [J].苏州大学学报(哲学社会科学版),38(2):86-95.

博登·海默,2004.法理学:法律哲学与法律方法 [M].邓正来,译.北京:中国政法大学出版社.

陈聪富,2005.侵权归责原则与损害赔偿 [M].北京:北京大学出版社.

陈飞,等,2006.个人数据保护:欧盟指令及成员国法律、经合组织指导方针 [M].北京:法律出版社.

陈海帆,赵国强,2014.个人资料的法律保护:放眼中国内地、香港、澳门及台湾 [M].北京:社会科学文献出版社.

陈骞,张志成,2018.个人敏感数据的法律保护:欧盟立法及借鉴 [J].湘潭大学学报(哲学社会科学版),42(3):34-38.

陈奇伟,刘倩阳,2017.大数据时代的个人信息权及其法律保护 [J].江西社会科学,37(9):187-194.

陈甦,2017.民法总则评注 [M].北京:法律出版社.

程春华 ,2008. 举证责任分配、举证责任倒置与举证责任转移：以民事诉讼为考察范围 [J]. 现代法学 (2):99–107.

程啸 ,2015. 侵权责任法 [M]. 北京：法律出版社 .

程啸 ,2018. 论大数据时代的个人数据权利 [J]. 中国社会科学 (3):102–122.

程啸 ,2020a. 论侵害个人信息的民事责任 [J]. 暨南学报 (哲学社会科学版),42(2): 39–47.

程啸 ,2020b. 论我国民法典中的个人信息合理使用制度 [J]. 中外法学 ,32(4): 1001–1017.

程啸 ,2020c. 论我国民法典中个人信息权益的性质 [J]. 政治与法律 (8):2–14.

崔聪聪 ,2015. 个人信息保护法研究 [M]. 北京：北京邮电大学出版社 .

戴恩·罗兰德, 伊丽莎白·麦克唐纳 ,2004. 信息技术法 [M]. 宋连斌, 等译 . 武汉：武汉大学出版社 .

刁胜先 ,2013. 个人信息网络侵权问题研究 [M]. 上海：上海三联书店 .

丁春燕 , 2016. 民事诉讼举证规则体系化研究 [J]. 上海政法学院学报 (法治论丛),31(2):51–60.

丁晓东 ,2018. 个人信息私法保护的困境与出路 [J]. 法学研究 ,40(6):194– 206.

杜换涛 ,2018. 论个人信息的合法收集：《民法总则》第 111 条的规则展开 [J]. 河北法学 ,36(10):34–44.

范为 ,2016. 大数据时代个人信息保护的路径重构 [J]. 环球法律评论 ,38(5): 92–115.

范愉 ,2005. 集团诉讼问题研究 [M]. 北京：北京大学出版社 .

高富平 ,2016. 个人数据保护和利用国际规则：源流与趋势 [M]. 北京：法律出版社 .

高富平 , 王文祥 ,2017. 出售或提供公民个人信息入罪的边界：以侵犯公民个人信息罪所保护的法益为视角 [J]. 政治与法律 (2):46–55.

高富平 ,2018. 个人信息保护 : 从个人控制到社会控制 [J]. 法学研究 , 40(3):
　　84–101.

高富平 ,2019. 论个人信息保护的目的 : 以个人信息保护法益区分为核心 [J].
　　法商研究 ,36(1):93–104.

个人信息保护课题组 ,2017. 个人信息保护国际比较研究 [M]. 北京 : 中国
　　金融出版社 .

郭明龙 ,2012. 个人信息权利的侵权法保护 [M]. 北京 : 中国法制出版社 .

郭雪慧 ,2013. 欧盟消费者集体诉讼制度及其对中国的启示 [J]. 云南社会科
　　学 (4): 131–135.

郭瑜 ,2012. 个人数据保护法研究 [M]. 北京 : 北京大学出版社 .

韩旭至 ,2018. 个人信息的法律界定及类型化研究 [M]. 北京 : 法律出版社 .

和育东 ,2009. 试析专利侵权诉前禁令制度存在的问题 [J]. 法学杂志 ,30(3):
　　61–63.

黑格尔 ,2017. 法哲学原理 [M]. 范扬 , 张企泰 , 译 . 北京 : 商务印书馆 .

洪海林 ,2010. 个人信息的民法保护研究 [M]. 北京 : 法律出版社 .

胡东海 ,2017. "谁主张谁举证" 规则的历史变迁与现代运用 [J]. 法学研
　　究 ,39(3): 107–124.

黄茂荣 ,2007. 法学方法与现代民法 [M]. 北京 : 法律出版社 .

江波 , 张亚男 ,2018. 大数据语境下的个人信息合理使用原则 [J]. 交大法学
　　(3): 108–121.

江伟 , 肖建国 ,2018. 民事诉讼法 [M]. 北京 : 中国人民大学出版社 .

金耀 ,2017. 个人信息去身份的法理基础与规范重塑 [J]. 法学评论 ,35(3):
　　120–130.

阿图尔·考夫曼 ,2004. 法律哲学 [M]. 刘幸义 , 译 . 北京 : 法律出版社 .

考茨欧 ,2009. 侵权法的统一 : 违法性 [M]. 张家勇 , 译 . 北京 : 法律出版社 .

孔令杰 ,2009. 个人资料隐私的法律保护 [M]. 武汉 : 武汉大学出版社 .

郎庆斌 , 孙毅 , 杨莉 ,2008. 个人信息保护概论 [M]. 北京：人民出版社 .

李义凤 ,2013. 论环境公益诉讼中的"诉前禁令"[J]. 河南社会科学 , 21(6):
16–18.

李永军 ,2017. 论《民法总则》中个人隐私与信息的"二元制"保护及请求
权基础 [J]. 浙江工商大学学报 (3):10–21.

李欲晓 ,2015. 个人信息保护法研究 [M]. 北京：北京邮电大学出版社 .

梁慧星 ,2001. 民商法论丛：第 21 卷 [M]. 香港：金桥文化出版 (香港) 有限
公司 .

梁慧星 ,2015. 民法解释学 [M].4 版 . 北京：法律出版社 .

刘德良 ,2007. 个人信息的财产权保护 [J]. 法学研究 (3):80–91.

刘德良 ,2008a. 论个人信息的财产权保护 [M]. 北京：人民法院出版社 .

刘德良 ,2008b. 网络时代的民商法理论与实践 [M]. 北京：人民法院出版社 .

刘德良 ,2013. 个人信息法律保护的正确观念和做法 [J]. 中国信息安全 (2):
47–49.

刘迪 ,1998. 现代西方新闻法制概述 [M]. 北京：中国法制出版社 .

刘海安 ,2019. 个人信息泄露因果关系的证明责任：评庞某某与东航、趣拿
公司人格权纠纷案 [J]. 交大法学 (1):184–192.

刘金瑞 ,2017. 个人信息与权利配置：个人信息自决权的反思和出路 [M].
北京：法律出版社 .

刘士国 ,2017. 中华人民共和国人格权法律条文建议稿附理由 [M]. 北京：
中国法制出版社 .

刘宪权 , 方晋晔 ,2009. 个人信息权刑法保护的立法及完善 [J]. 华东政法大
学学报 (3):120–130.

刘学在 ,2011. 请求损害赔偿之团体诉讼制度研究 [J]. 法学家 (6):137–
156+178.

刘雅琦 ,2015. 基于敏感度分级的个人信息开发利用保障体系研究 [M]. 武

汉：武汉大学出版社 .

龙卫球 , 刘宝玉 ,2017. 中华人民共和国民法总则释义与适用指导 [M]. 北京：
中国法制出版社 .

路易斯·D. 布兰代斯，等 ,2014. 论隐私权 [M]. 宦盛奎，译 . 北京：北京
大学出版社 .

麻昌华 ,2010.《侵权责任法》的解释论与立法论 [J]. 法商研究 ,27(6):3-7.

麻昌华 ,2011. 中国现代侵权行为法的发展及其走向 [J]. 私法研究 ,10(1):
215-224.

马格努斯 ,2009. 侵权法的统一：损害与损害赔偿 [M]. 谢鸿飞，译 . 北京：
法律出版社 .

马克·波斯特 ,2014. 信息方式：后结构主义与社会语境 [M]. 范静晔，译 . 北
京：商务印书馆 .

中共中央马克思恩格斯列宁斯大林著作编译局 ,1995. 马克思恩格斯选集：
第 3 卷 [M]. 北京：人民出版社 .

马克西米利安·福克斯 ,2006. 侵权行为法 [M]. 齐晓琨，译 . 北京：法律出
版社 :48.

马特 ,2012. 个人资料保护之辩 [J]. 苏州大学学报 (哲学社会科学版),33(6):
76-84.

马特 ,2014. 隐私权研究：以体系构建为中心 [M]. 北京：中国人民大学出
版社 :311.

梅迪库斯 ,2010. 请求权基础 [M]. 陈卫仕，等译 . 北京：法律出版社 .

梅夏英 , 刘明 ,2013. 大数据时代下的个人信息范围界定 [J]. 社会治理法治
前沿年刊 (1):33-58.

梅夏英 , 杨晓娜 ,2013. 个人信息保护的理论及立法问题 [J]. 社会治理法治
前沿年刊 (1):209-222.

梅夏英 ,2016. 数据的法律属性及其民法定位 [J]. 中国社会科学 (9):164-

183+209.

梅夏英 ,2017. 论被遗忘权的法理定位与保护范围之限定 [J]. 法律适用 (司法案例)(16):48–54.

梅夏英 , 罗英 ,2019. 数据的法律属性及其民法定位 [J]. 中国社会科学 (英文版),40(1):82–99.

孟德斯鸠 ,1982. 论法的精神 [M]. 张雁深 , 译 . 北京：中国商务出版社 .

尼克拉斯·卢曼 ,2018. 法社会学 [M]. 宾凯 , 赵春燕 , 译 . 上海：上海世纪出版集团 .

彭俊良 ,2013. 侵权责任法论 [M]. 北京：北京大学出版社 .

齐爱民 ,2005. 中华人民共和国个人信息保护法示范法草案学者建议稿 [J]. 河北法学 (6):2–5.

齐爱民 ,2007. 制定个人信息保护法的经济功能与人权意义分析 [J]. 贵州师范大学学报 (社会科学版)(6):80–85.

齐爱民 ,2008. 个人信息保护法研究 [J]. 河北法学 (4):15–33.

齐爱民 ,2009a. 论个人信息保护法的统一立法模式 [J]. 重庆工商大学学报 (社会科学版),26(4):90–93.

齐爱民 ,2009b. 论个人信息的法律属性与构成要素 [J]. 情报理论与实践 ,32(10): 26–29.

齐爱民 ,2009c. 拯救信息社会中的人格：个人信息保护法总论 [M]. 北京：北京大学出版社 .

齐爱民 , 李仪 ,2011. 论利益平衡视野下的个人信息权制度：在人格利益与信息自由之间 [J]. 法学评论 ,29(3):37–44.

齐爱民 , 盘佳 ,2015. 数据权、数据主权的确立与大数据保护的基本原则 [J]. 苏州大学学报 (哲学社会科学版),36(1):64–70+191.

齐爱民 , 王基岩 ,2015. 大数据时代个人信息保护法的适用与域外效力 [J]. 社会科学家 (11):101–104.

齐爱民,2015.大数据时代个人信息保护法国际比较研究 [M].北京：法律出版社.

齐爱民,张哲,2018.识别与再识别：个人信息的概念界定与立法选择 [J].重庆大学学报 (社会科学版),24(2):119-131.

齐爱民,2019.中华人民共和国个人信息保护法学者建议稿 [J].河北法学 ,37(1): 33-45.

任龙龙,2016.论同意不是个人信息处理的正当性基础 [J].政治与法律 (1): 126-134.

石佳友 , 2012.网络环境下的个人信息保护立法 [J].苏州大学学报 (哲学社会科学版),33(6):85-96.

穗积陈重,1997.法律进化论 [M].黄尊三 , 等译.北京:中国政法大学出版社.

孙效敏,2010.奖励制度与惩罚性赔偿制度之争：评我国《侵权责任法》第 47 条 [J].政治与法律 (7):89-97.

涂子沛,2013.大数据 [M].桂林：广西师范大学出版社.

汪东升,2019.个人信息的刑法保护 [M].北京：法律出版社.

王籍慧,2018.个人信息处理中同意原则的正当性：基于同意原则双重困境的视角 [J].江西社会科学 ,38(6):177-185.

王利民,郭明龙,2006.民事责任归责原则新论——过错推定规则的演进：现代归责原则的发展 [J].法学论坛 (6):55-67.

王利明,2003.美国惩罚性赔偿制度研究 [J].比较法研究 (5):1-15.

王利明,2004.侵权行为法研究（上卷）[M].北京：中国人民大学出版社.

王利明,2005.中国民法典学者建议稿及立法理由：人格权编、婚姻家庭编、继承编 [M].北京：法律出版社.

王利明,2009.我国民法典体系问题研究 [M].北京：经济科学出版社.

王利明,2012a.隐私权概念的再界定 [J].法学家 (1):108-120+178.

王利明,2012b.论个人信息权在人格权法中的地位 [J].苏州大学学报 (哲学

社会科学版),33(6):68–75+199–200.

王利明 ,2013. 论个人信息权的法律保护：以个人信息权与隐私权的界分为
　　中心 [J]. 现代法学 ,35(4):62–72.

王利明 ,2015. 个人信息如何保护 [J]. 当代贵州 (26):63.

王利明 ,2018. 人格权：从消极保护到积极确权 [J]. 甘肃社会科学 (1):40–46.

王利明 ,2019a. 论侵害人格权的诉前禁令制度 [J]. 财经法学 (4):3–15.

王利明 ,2019b. 论人格权请求权与侵权损害赔偿请求权的分离 [J]. 中国法
　　学 (1):224–243.

王利明 , 2019c. 民法典：人格权重大疑难问题研究 [M]. 北京：法律出版社：
　　192.

王利明 ,2019d. 数据共享与个人信息保护 [J]. 现代法学 ,41(1):45–57.

王秀哲 ,2017. 信息社会个人隐私权的公法保护研究 [M]. 北京：中国民主
　　法制出版社 .

王泽鉴 ,2008. 人格权的具体化及其保护范围 . 隐私权篇 (上)[J]. 比较法研
　　究 (6):1–21.

王泽鉴 ,2009a. 侵权行为 [M]. 北京：北京大学出版社 .

王泽鉴 ,2009b. 人格权保护的课题与展望——人格权的性质及构造：精神
　　利益与财产利益的保护 [J]. 人大法律评论 (1):51–103.

王泽鉴 ,2009c. 人格权的具体化及其保护范围 . 隐私权篇 (中)[J]. 比较法研
　　究 (1):1–20.

王泽鉴 ,2009d. 人格权的具体化及其保护范围 . 隐私权篇 (下)[J]. 比较法
　　研究 (2):1–33.

王泽鉴 ,2013. 人格权法：法释义学、比较法、案例研究 [M]. 北京：北京
　　大学出版社 .

维克托·迈尔 – 舍恩伯格 ,2013. 删除：大数据取舍之道 [M]. 袁杰，译 . 杭
　　州：浙江人民出版社 .

吴泽勇 ,2009. 集团诉讼在德国:"异类"抑或"蓝本"? [J]. 法学家 (6):105–119+156–157.

谢青 ,2006. 日本的个人信息保护法制及启示 [J]. 政治与法律 (6):152–157.

谢永志 ,2013. 个人数据保护法立法研究 [M]. 北京:人民法院出版社 .

谢远扬 ,2015. 信息论视角下个人信息的价值:兼对隐私权保护模式的检讨 [J]. 清华法学 ,9(3):94–110.

谢远扬 ,2016. 个人信息的私法保护 [M]. 北京:中国法制出版社 .

杨翔宇 ,2017. 我国个人信息保护的立法实践与路径走向 [J]. 重庆邮电大学学报 (社会科学版),29(6):42–51.

杨芳 ,2015. 个人信息自决权理论及其检讨:兼论个人信息保护法之保护客体 [J]. 比较法研究 ,(6):22–33.

杨芳 ,2016. 隐私权保护与个人信息保护法:对个人信息保护立法潮流的反思 [M]. 北京:法律出版社 .

杨立新 ,2000. 侵权法热点问题法律应用 [M]. 北京:人民法院出版社 .

杨立新 ,2005. 电子商务侵权法 [M]. 北京:知识产权出版社 .

杨立新 ,2010. 侵权损害赔偿 [M]. 北京:法律出版社 .

杨立新 ,2011. 请求权与民事裁判应用 [M]. 北京:法律出版社 .

杨立新 ,2012. 侵权责任法 [M]. 北京:法律出版社 .

杨立新 ,2015. 人格权法 [M]. 北京:法律出版社 .

杨立新 , 扈艳 ,2016.《中华人民共和国人格权法》建议稿及立法理由书 [J]. 财经法学 (4):39–54.

杨立新 ,2018. 个人信息:法益抑或民事权利——对《民法总则》第 111 条规定的"个人信息"之解读 [J]. 法学论坛 ,33(1):34–45.

叶名怡 ,2018a. 个人信息的侵权法保护 [J]. 法学研究 ,40(4):83–102.

叶名怡 ,2018b. 论个人信息权的基本范畴 [J]. 清华法学 ,12(5):143–158.

叶自强 ,2011. 举证责任倒置规则的构成要素与适用 [J]. 河北法学 ,29(5):71–

75.

余筱兰,2018.民法典编纂视角下信息删除权建构 [J].政治与法律 (4):26-37.

喻海松,2018.侵犯公民个人信息罪司法解释理解与适用 [M].北京：中国法制出版社.

约翰·帕克,2015.全民监控：大数据时代的安全与隐私困境 [M].关立深,译.北京：金城出版社.

张红,2009a.20 世纪德国人格权法的演进 [J].清华法律评论,4(1):12-44.

张红,2009b.论一般人格权作为基本权利之保护手段：以对"齐玉苓案"的再检讨为中心 [J].法商研究,26(4):48-56.

张红,2010.《侵权责任法》对人格权保护之述评 [J].法商研究,27(6):32-35.

张红,2012.一项新的宪法上基本权利：人格权 [J].法商研究,29(1):38-42.

张红,2014.肖像权保护中的利益平衡 [J].中国法学 (1):266-284.

张红,2019.民法典之隐私权立法论 [J].社会科学家 (1):7-21.

张红,黄绍坤,2019.中国人格权法：过去、现在及未来——中南财经政法大学博士生导师张红教授访谈 [J].社会科学家 (1):3-6.

张红,2019.《民法典各分编 (草案)》人格权编评析 [J].法学评论,37(1):106-122.

张红,2020.民法典人格编立法论 [M].北京：法律出版社.

张家勇,2015.论统一民事责任制度的建构：基于责任融合的"后果模式"[J].中国社会科学 (8):84-103+206.

张家勇,2017.权益保护与规范指引 [J].四川大学学报 (哲学社会科学版)(1):134-148.

张家勇,2018.中国法民事责任竞合的解释论 [J].交大法学 (1):5-11.

张里安,韩旭至,2016.大数据时代下个人信息权的私法属性 [J].法学论坛,31(3):119-129.

张莉,2010.个人信息权的法哲学论纲 [J].河北法学,28(2):136-139.

张民安 ,2014. 信息性隐私权研究 [M]. 广州：中山大学出版社 .

张文显 ,2011. 法理学 [M]. 北京：高等教育出版社 .

张新宝 ,2004. 隐私权的法律保护 [M]. 北京：群众出版社 .

张新宝 ,2015. 从隐私到个人信息 : 利益再衡量的理论与制度安排 [J]. 中国
　　法学 (3):38-59.

张新宝 ,2018. 我国个人信息保护法立法主要矛盾研讨 [J]. 吉林大学社会科
　　学学报 ,58(5):45-56+204-205.

张新宝 ,2019.《民法总则》个人信息保护条文研究 [J]. 中外法学 , 31(1):
　　54-75.

章武生 ,2007. 论群体性纠纷的解决机制 : 美国集团诉讼的分析和借鉴 [J].
　　中国法学 (3):20-30.

赵秉志 ,2009.《刑法修正案（七）》的宏观问题研讨 [J]. 华东政法大学学报
　　(3):101-110.

赵秉志 ,2011. 刑法修正案（七）专题研究 [M]. 北京：北京师范大学出版社 .

赵秉志 ,2014. 公民个人信息刑法保护问题研究 [J]. 华东政法大学学报
　　(1):117-127.

赵钢 , 占善刚 , 刘学在 ,2008. 民事诉讼法 [M]. 武汉：武汉大学出版社 .

赵宏 ,2017. 从信息公开到信息保护 : 公法上信息权保护研究的风向流转与
　　核心问题 [J]. 比较法研究 (2):31-46.

郑永宽 ,2008. 人格权的价值与体系研究 [M]. 北京：知识产权出版社 .

中国审判理论研究会民商事专业委员会 ,2017.《民法总则》条文理解与司
　　法适用 [M]. 北京：法律出版社 .

周汉华 ,2006a. 个人信息保护法及立法研究报告 [M]. 北京：法律出版社 .

周汉华 ,2006b. 个人信息保护前沿问题研究 [M]. 北京：法律出版社 .

周汉华 ,2006c. 域外个人数据保护法汇编 [M]. 北京：法律出版社 .

周汉华 ,2006d. 中华人民共和国个人信息保护法（专家建议稿）及立法报

告研究 [M]. 北京：法律出版社 .

周汉华 ,2009. 个人信息保护法（专家建议稿）及立法研究报告 [M]. 北京：法律出版社 .

周汉华 ,2018. 探索激励相容的个人数据治理之道：中国个人信息保护法的立法方向 [J]. 法学研究 ,40(2):3–23.

ANONYMOUS, 2008. CCID Consulting Reports on China's Internet Finance Information Service Industry[N]. Wire-less News.

AUSLOOS J, 2012. The Right to be Forgotten Worth Remembering?[J].Computer Law & Security Review, 28: 143-152.

CHOI J P, JEON D S, KIM B C, 2019. Privacy and Personal Data Collection with Information Externalities[J].Journal of Public Economics, 173: 113-124.

GERVAIS D J, 2010. The Regulation of Inchoate Technologies[J]. Houston Law Review, 47(3).

KING N J, FORDER J, 2016. Data Analytics and Consumer Profiling:Finding Appropriate Privacy Principles for Discovered Data[J]. Computer Law & Security Review, 32(5): 696-714.

LANDAU S, 2015. Control Use of Data to Protect Privacy[J].Science, 347(6221): 504-506 .

MILLER A R,1972.The Assault on Privacy[M].New York:Signet:211.

MOSHELL R, 2005. The Outlook for a Self-Regulatory United States Amidst a Global Trend toward Comprehensive Data Protection[J]. Texas Tech Law review.

SCHWARTZ P M, 2014. Property, Privacy and Personal Date[J].Harvard L Rev., 13(117): 2056-2059.

SMIT J A H, VAN OERS K, 2019. Personality Types Vary in Their Personal and Social Information Use[J].Animal Behaviour, 151: 185-193.

SOLOVE D J, ROTENBERG M, SCHWARTZ P M, 2006. Information Privacy

Law[M]. New York: Aspen Publishers.

SUTTON G,2008. EU-China Personal Data Protection:Questions and Answers, The Findings of EU-China Information Society Project[E].

WHITMAN J Q, 2004.The Two Western Cultures of Privacy:Dignity Versus Liberty[J]. Yale Law Journal, 113(6):1151.

ZARSKY T Z, 2017 . Incompatible:The GDPR in the Age of Big Data[J].Seton Hall L. Rev., 47: 995-1020.